铁路工程施工图设计文件
典型错误实例分析

宋朝阳　慈连首　徐秀娟　康　英　白国臣　主编

中国铁道出版社有限公司

2025·北京

图书在版编目(CIP)数据

铁路工程施工图设计文件典型错误实例分析 / 宋朝阳等主编. -- 北京 : 中国铁道出版社有限公司，2025. 7.

ISBN 978-7-113-32366-0

Ⅰ. U215

中国国家版本馆 CIP 数据核字第 2025LJ9600 号

书　　名:铁路工程施工图设计文件典型错误实例分析

作　　者:宋朝阳　慈连首　徐秀娟　康　英　白国臣

策　　划:徐　艳　　　　**编辑部电话**:(010)63583191

责任编辑:张　瑜

封面设计:刘　莎

责任校对:刘　畅

责任印制:赵星辰

出版发行:中国铁道出版社有限公司(100054,北京市西城区右安门西街 8 号)

网　　址:https://www.tdpress.com

印　　刷:河北宝昌佳彩印刷有限公司

版　　次:2025 年 7 月第 1 版　2025 年 7 月第 1 次印刷

开　　本:710 mm×1 000 mm 1/16　**印张**:6.5　**字数**:92 千

书　　号:ISBN 978-7-113-32366-0

定　　价:46.00 元

编　委　会

前　言

铁路工程施工图质量直接关系工程质量和后续行车安全，任何细微差错都可能在施工过程中或竣工后被无限放大，导致安全风险、成本超支、工期延误等一系列棘手问题。

本书梳理总结近年来铁路工程施工图审查发现的典型问题，涵盖路基、轨道、桥涵、通信信号、电力及牵引供电、房建等多个专业领域，形成施工图设计文件典型错误实例汇编。实例问题基于现行管理办法，有其时代性。错误产生的原因，或是由于设计人员对规范理解的偏差，或是在复杂项目中细节把控的疏忽，抑或是新技术应用时的经验不足。

编撰此书，旨在为铁路行业同仁提供借鉴。对于设计人员而言，能从中汲取经验教训，避免在未来设计中重蹈覆辙，进一步提升设计质量；对于审图人员来说，可借此拓宽审查思路，增强对问题的洞察力，让审查工作更加有的放矢；施工单位也能通过这些实例，提前识别潜在风险，优化施工方案，保障工程顺利推进。

随着铁路行业的不断发展，规范标准在持续更新，技术工艺也在日益精进，愿这本实例汇编成为打造更多安全优质铁路工程的助手，激励相关人员以严谨的态度对待施工图审查工作，助力铁路工程建设高质量发展行稳致远。

限于编者水平及经验，书中难免有疏漏和不足之处，敬请读者批评指正并提出宝贵意见，以便进一步补充、完善。

作者

2025 年 5 月

目　录

预算重复计列

一、工程简介

××线××站信号联锁缺陷补强整治(含×××站)工程,主要内容为××站室内外信号设备联锁改造、新建信号机械室、×××站纳入××站集控,其中电力专业内容为新建箱变、高低压电缆及新建信号机械室的电力照明、房屋防雷接地。

建设年份:2024年。

二、问题描述

1. 施工图预算将信号房屋防雷接地套用DY-1331垂直接地极　防腐降阻接地极、TY-720埋设铜包钢接地棒计列在第六章"通信、信号、信息及灾害监测"章节中,同时又再次套用上述两条定额计列在第八章"房屋"章节中。

2. 电力地方电源接引工程在第七章"电力及电力牵引供电"章节中已计列费用,在第十一章中又重复计列一笔费用。

3. 不需要新设人工防雷接地体。

三、原因分析

1. 房屋防雷设计在信号专业中,故设计者将防雷接地预算编制在"通信、信号、信息及灾害监测"章节内,后总工发现计列章节错误,要求调整到第八章"房屋"章节,在调整完成后未将"通信、信号、信息及灾害监测"章节内房屋防雷接地预算删除。

2. 可行性研究阶段设计单位前期调查研究深度不够,没有取得国家电网相关电源引入的具体实施方案设计文件,设计人员根据以往设计经验暂列一笔费用,计列在第十一章"其他费用"章节。施工图阶段,按照国家电网的供电答复单及施工图设计文件在第七章“电力及电力牵引供电”章节补充完善了本部分预算内容，但忘记删除第十一章暂列费用。

3. 按照铁路工程建设通用参考图《铁路信号防雷及接地》（通号（2019）9201）的设计原则“混凝土框架结构的信号设备房屋根据条件，可利用结构作为引下线或设置专用引下线”“信号设备房屋应优先利用其基础内的非预应力结构钢筋作为基础接地装置”，电力专业设计人员与信号专业设计人员沟通不畅，电力专业利用房屋基础内的非预应力结构钢筋作为基础接地装置，信号专业在没有与电力专业沟通的情况下采用人工接地体作为接地装置，造成房屋防雷设计不准确。

四、知识点

1. 按照《铁路基本建设工程设计概（预）算编制办法》（TZJ 1001—2017）的规定，铁路基本建设工程的设计概（预）算费用，按不同工程和费用类别划分为16 章 36 节，编制设计概（预）算应采用统一的章节表。

本案例中将信号房屋防雷接地套用 DY-1331 垂直接地极　防腐降阻接地极、TY-720 埋设铜包钢接地棒计列在第六章“通信、信号、信息及灾害监测”章节的信号部分，应计列在第八章“房屋”章节的建筑设备部分，未采用统一的章节表，属于计列章节错误。

2. 按照《铁路基本建设工程设计概（预）算编制办法》（TZJ 1001—2017）的规定，设计概（预）算编制应正确引用相关定额，完整、准确地反映设计内容。

本案例中将信号房屋防雷接地套用 DY-1331 垂直接地极　防腐降阻接地极、TY-720 埋设铜包钢接地棒同时计列在第六章“通信、信号、信息及灾害监测”章节的信号部分和第八章“房屋”章节的建筑设备部分，未准确地反映设计内容，属于重复计列错误。

电力地方电源接引工程在第七章“电力及电力牵引供电”章节中已计列费用，又在十一章中计列，属于重复计列错误。

3. 信号专业设计者对房屋防雷技术标准掌握不清，且未与电力专业设计人员沟通，造成设计不准确。

五、施工图及预算审查风险点与经验分享

1. 对本专业章节中出现的非本专业套用定额必须格外注意，并与相应专业审查人员及时沟通核对。

2. 主体专业在分配章节审查任务时，对第一章和第十一章中计列的非主体专业内容要及时告知相关专业人员，防止产生遗漏和重复计列错误。

3. 对第十一章中出现的整笔费用要严格审查，一是其是否满足设计深度要求，二是可研阶段计列在第十一章中的估算费用是否删除，防止产生重复计列错误。

4. 严格审查预算与图纸不符问题，是发现图纸、预算错误的有效方法。

5. 优化设计方案。优化设计方案是降低造价的有效途径，审查过程中必须有优化设计意识，以严谨的态度与设计人员沟通，与相关部门共同论证其可行性。

计算机联锁设备大修预算重复计列

一、工程简介

图佳线××站计算机联锁设备大修工程，主要内容为信号专业对联锁设备、调度指挥系统、信号机、轨道电路及箱盒等进行大修，通信、电力、房建专业配套改造。

建设年份:2024 年。

二、问题描述

1. 施工图预算使用自编定额编号 400000098 计列 14 套转辙机连接装置(六线制)，该连接装置中包含 HZ24 盒。在本章节中再次套用定额 XY-472 重复计列了 14 个防盗型 SMC 复合材料终端电缆盒。

2. 施工图预算使用自编定额编号 400000041～400000044 计列 33 个电码化 25 Hz 相敏轨道单元箱，该单元箱中含 XB1 盒。在本章节中设计者套用定额 XY-464 防盗型 SMC 复合材料变压器箱计列 45 个，其中 33 个 XB1 盒用于轨道电路，属于重复计列。

3. 施工图预算套用定额 XY-464 防盗型 SMC 复合材料变压器箱，不符合哈尔滨局高寒地区的气候环境要求，现场实际均是采用铸铁材质箱盒，本条预算高套定额。

三、原因分析

1. 设计者在预算编制过程中对定额条目中包含的具体内容掌握不清。

2. 在设计过程中，未结合地区气候特点，未考虑使用单位实际需求，施工图设计存在漏洞。

四、知识点

1. 按照《铁路工程概预算工程量计算规则》(铁建设〔2010〕223号)的规定,各种箱、盒按设计个数计算。

本案例中箱、盒数量在两条定额内相互包含,属于预算重复计列错误。

2. 按照《铁路基本建设工程设计概(预)算编制办法》(TZJ 1001—2017)的规定,设计概(预)算编制应正确引用相关定额,完整、准确地反映设计内容,并结合建设项目具体情况,实事求是。

本案例中将XB箱盒采用SMC复合材料且数量计算错误,未准确地反映设计内容,未结合建设项目具体情况进行设计。

五、施工图及预算审查风险点与经验分享

1. 对设计自编定额条目包含的内容必须格外注意,仔细审查是否与预算中使用的其他定额有重叠内容。

2. 预算审查过程中还需注意设计所采用的材料材质,是否按建设工程具体情况,实事求是选用适合材质。

3. 对施工图纸设计工程量与预算工程量认真比对,确保两者一致。

接引地方电源勘察设计费重复计列

一、工程简介

××线路车间生产生活房屋新建工程，主要内容为在××线路车间院内新建房屋一座，并新建库前硬化面、采暖、给排水及电力等相关配套设施。其中电力专业内容为新建生产生活房屋生活用电电源接引自既有 250 kVA 综合箱式变电站，既有箱变容量满足要求。本工程中新建锅炉房接引地方电源。

建设年份：2025 年。

二、问题描述

设计单位提报的工程预算显示，在第十一章“其他费用”章节全额计取了勘察设计费，同时又在第十一章计列外网市电图纸设计及勘察费，重复计列勘察设计费。

三、原因分析

1. 设计者没有完整理解勘察设计费的计算规则，预算编制不认真、随意性大。

2. 设计者对《铁路基本建设工程设计概（预）算编制办法》（TB 10801—2024）、《铁路基本建设工程设计概（预）算费用定额》（TB 10811—2024）掌握不透、运用不到位。

四、知识点

按照《铁路基本建设工程设计概（预）算编制办法》（TB 10801—2024）的规定，设计概（预）算编制应正确引用相关定额，完整、准确地反映设计内容。

本案例中在预算已计取勘察设计费的情况下，又将地方电源接引设计费及勘察费计列在第十一章“其他费用”中，属于重复计列。

五、施工图及预算审查风险点与经验分享

1. 主体专业在分配章节审查任务时，对第一章到第十一章中计列的非主体专业内容要及时告知相关专业人员，防止产生遗漏和重复计列错误。

2. 对第十一章中出现的整笔费用要严格审查，尤其是非本设计单位设计的接引外网费用，防止出现不满足设计深度要求的问题，仔细检查可研阶段计列在第十一章中的估算费用是否删除，防止产生重复计列错误。

电力设备调试费用重复计列

一、工程简介

×××供电段4座配电所接地系统隐患整治工程，主要内容为对×××供电段管内4座配电所接地系统进行整治，解决10 kV贯通、自闭等线路近年来电缆线路大量投运，小电容电流增大，且电力系统既有接地方式和相关配套设备无法实现接地故障下自动灭弧，直接危及供电设备运行安全，极易引起森林和草原火灾以及功率因数超前问题。

建设年份：2025年。

二、问题描述

施工图预算中对配电所内开关、设备等调试内容套用定额编号DY-1369，工作内容包括：所内各类型开关、断路器、互感器、继电保护装置、测量仪表，一次回路、二次回路、备用电源自动投入、自动重合闸装置，10 kV主变压器、所用变压器、调压器，绝缘子、穿墙套管、母线，10 kV以下引入引出电缆段等调试。同时又套用定额编号DY-1403（工作内容：避雷器调试）、DY-1408（工作内容：电流互感器调试），工作内容重复计列，造成此项工作内容多计列直接费3.5万元。

三、原因分析

1. 设计者对配电所系统调试定额编号DY-1369的工作内容未深入研究，不清楚定额内包含的施工内容。

2. 设计者对定额选用比较随意，未对定额选用的合理性、准确性深入研究。

四、知识点

1. 按照《铁路工程概预算工程量计算规则》（铁建设〔2010〕223号）的规定，

变、配电所调试按系统计算。

本案例中电流互感器调试、避雷器调试内容包含在配电所系统调试内容中，两条定额存在包含与被包含关系，属于预算重复计列错误。

2. 按照《铁路基本建设工程设计概（预）算编制办法》（TB 10801—2024）的规定，设计概（预）算编制应正确引用相关定额，完整、准确地反映设计内容，并结合建设项目具体情况据实计列费用。

五、施工图及预算审查风险点与经验分享

1. 预算审查要仔细分析预算定额包含的工作内容及施工工序，是否存在预算重复计列等错误。

2. 对设计套取定额的合理性、准确性要仔细审查研究，确保准确无误。

不同工程迁改预算重复计列

一、工程简介

引汤灌区北干渠下穿××铁路交叉工程，该工程为新建下穿框构涵，采用顶进施工方法，既有铁路通信线路受到影响，需要迁改。

建设年份：2025年。

二、问题描述

施工图预算编制了通信架空线路迁改内容，但经现场勘察发现，此迁改通信架空线路为已批复附近另一个涉铁工程迁改项目。

三、原因分析

1. 两个工程为不同设计单位，不是同一年审批的工程项目。

2. 已批复工程正在施工，但其迁改项目未实施。

四、知识点

按照《铁路基本建设工程设计概(预)算编制办法》(TB 10801—2024)的规定，设计概(预)算编制应正确引用相关定额，完整、准确地反映设计内容，并结合建设项目具体情况，实事求是、精打细算、从严控制、节省投资。

本案例中未准确地反映设计内容，未到设备管理单位核实迁改设施有关情况，未结合建设项目具体情况进行设计。

五、施工图及预算审查风险点与经验分享

1. 对需要迁改的内容必须细致审核，仔细审查是否需要迁改及迁改方案是否合理。

2. 施工图审查过程中需进行现场勘察，统筹考虑附近工程规划，注意是否有重叠内容。

3. 设计单位应到设备管理单位核实迁改设施有关情况，实事求是编制预算。

预算人工单价标准及章节计列错误

一、工程简介

×××铁路站区供热并网改造工程，主要内容为×××铁路站区接入集中供热热源，锅炉房及相关配套设施改造，其中电力专业内容：为机务段、车站换热站的中继泵、循环泵提供供电电源。

建设年份：2024 年。

二、问题描述

×××铁路站区供热并网改造工程施工图预算将房屋建筑设备电力照明预算编列在第八章“房屋”章节中，但未区分建筑工程、安装工程小节，造成Ⅲ类工、Ⅵ类工没有区分，全部按Ⅵ类工计列。

三、原因分析

设计者对建筑电气工程预算须按建筑工程、安装工程、设备购置划分小节编制的要求掌握不准，对各小节人工费基价分类缺少深入认知，将Ⅲ、Ⅵ类工单价混为一谈。

四、知识点

1. 按照《铁路基本建设工程设计概（预）算编制办法》（TZJ 1001—2017）的规定，铁路基本建设工程的设计概（预）算费用，按不同工程和费用类别划分为16 章 36 节，编制设计概（预）算应采用统一的章节表。建筑工程、安装工程应分开编制。本案例中×××铁路站区供热并网改造工程将建筑工程、安装工程小节混淆，属于工作内容计列错误。

2. 按照《铁路基本建设工程设计概（预）算费用定额》（TZJ 3001—2017）的

规定，铁路工程基期综合工费单价按工程类别分为七类，各类别基期综合工费单价从66元/工日到82元/工日不等。

五、施工图及预算审查风险点与经验分享

1. 审查人员在审查预算时须首先核对报审预算是否按照《铁路基本建设工程设计概(预)算编制办法》(TZJ 1001—2017)采用统一的章节表，如发现章节编制错误应予以准确调整。

2. 基期综合工费单价必须按照工程类别确定，审查人员须认真核对项目的工程类别，确保基期综合工费单价计取准确。

编制期主材价格未进行市场调查

一、工程简介

××站既有信号联锁缺陷补强整治工程，主要内容为××站室内外信号设备联锁改造及通信、电力、房建配套改造。

建设年份:2024年。

二、问题描述

信号电缆在预算中归属为主材，设计者在编制预算时对信号电缆采用基期价格，未按规定采用市场调查价，造成电缆编制价格严重偏低于市场价。

三、原因分析

设计者在编制预算时未考虑信号电缆的主要用料——铜价大幅上涨对电缆价格的影响，未进行市场调查，盲目采用基期价格。

四、知识点

按照《铁路基本建设工程设计概(预)算费用定额》(TZJ 3001—2017)第2.2.3条的规定，光电缆线等主要材料编制期价格由设计单位调查分析确定。

本案例中信号电缆价格采用基期价格，未结合实际情况进行市场调查分析，未准确反映电缆市场价格，导致预算编制结果严重偏离实际。

五、施工图及预算审查风险点与经验分享

1. 编制期主材价格须由设计单位按当时市场行情进行调查分析确定，采用市场调查价编制预算，并随设计文件一并送审。

2. 预算审查时须对编制期材料价格进行认真审核，尤其是在原材料价格波动幅度较大时，更要分析比对其合理性，必要时须进行市场询价予以进一步核实。

编制期水电价格异常

一、工程简介

××线接触网大修工程，主要工程内容为××站11个锚段立杆架梁、××站至××站间第11锚段～第19锚段整体大修。

建设年份:2024年。

二、问题描述

本工程预算电基期单价为0.47元/(kW·h)，编制期单价为4.3元/(kW·h)；水基期单价为0.35元/t，编制期单价为0.585元/t。而实际哈尔滨工程用电电价为0.85元/(kW·h)，工程用水单价为5.7元/t，水电单价明显异常。

三、原因分析

1. 在编制预算时，设计人员误将水、电价格颠倒。

2. 预算编制人员对施工所在地水、电价格调查不够细致、准确。

四、知识点

1. 根据2023年黑龙江省哈尔滨水费收费标准，非居民生活用水为4.3元/m^3，非居民污水处理费为1.4元/m^3；用电价格为0.85元/(kW·h)。

2. 按照《铁路基本建设工程设计概(预)算费用定额》(TZJ 3001—2017)的规定，工程用水基期单价为0.35元/t，该单价仅为扬程20 m及以下的抽水费用。必须使用自来水的，应按当地规定的自来水价格分析不含可抵扣进项税额的编制期工程用水单价。

按照《哈尔滨市人民政府办公厅关于调整我市城市供水价格的通知》(哈政办发〔2009〕11号)的规定，非居民生活用水价格由现行2.4～7.0元/m^3统一调至 4.3 元/m^3。

按照《哈尔滨市人民政府办公厅关于调整污水处理收费标准有关事宜的通知》(哈政办发〔2016〕42 号)的规定,非居民污水处理收费标准由现行 1.2 元/m^3 调整为 1.4 元/m^3。

本次工程用水价格应为 5.7 元/t。

3. 工程采用地方电源的电价算式,根据广材网专业测定价格及网上国网 App 查询代理购电工商业用户电价表(非分时段电量电价)为 0.77 元/(kW·h)(不含税)。

按照《铁路基本建设工程设计概(预)算费用定额》(TZJ 3001—2017)的规定,采用地方电源的电价算式为

$$Y_{地}=Y_{基}\times(1+c)+f_1$$
$$=0.77\times(1+7\%)+0.03=0.85\ 元/(kW\cdot h)$$

五、施工图及预算审查风险点与经验分享

1. 水、电、油、砂石料等可以地采的工程材料编制期价格必须进行市场调查分析确定。审查人员必须对上述地材调查价格进行复核,重新进行市场调查。

2. 对异地设计院承接的项目设计,可能存在不熟悉当地材料价格的情况,因此要格外注意预算中地材价格使用的合理性,并防止颠倒误列。

材料价外运杂费运输距离错误

一、工程简介

呼伦贝尔东北阜丰生物科技有限公司(哈铁燃)专用线改扩建工程,主要内容:阜丰厂内站分为Ⅰ区、Ⅱ区改扩建。Ⅰ区改扩建方案:改建拆除既有111号、113号道岔,新增Ⅰ-4线,Ⅰ区东咽喉区新增交叉渡线1组、单开道岔1组,改铺道岔2组;Ⅱ区改扩建方案:改建新增站线5条,拆除既有硫酸线1条,新增Ⅱ-4线,新增Ⅱ-5线为煤炭卸车线,新增Ⅱ-6线为卸盐货物线,新增Ⅱ-7及Ⅱ-8线为集装箱线,以及其他配套相关工程。

建设年份:2023年。

二、问题描述

施工图预算将24 657 m^3碎石道砟火车运输距离按464 km计算,运输起点为玉泉站,运输终点为高台子站,运费为317.82万元。存在问题如下:

1. 玉泉铁路采石场已经停产关闭,设计者不掌握,且高台子站到玉泉站的正确运距为498 km。

2. 工点附近碾子山站就有碎石道砟生产厂家,高台子站到碾子山站的运距为51 km。预算多计碎石道砟运距413 km,运费多计217.42万元。

三、原因分析

1. 设计者没有现场实地调查工程所需碎石道砟的当地生产厂家情况,错误认为从玉泉铁路采石场供应碎石道砟。

2. 设计者没有按《铁路货物运价规则》(铁运〔2005〕46号)中的货物运价里程表正确查询运输距离。

四、知识点

1. 预算编制材料运输距离应按照《铁路货物运价规则》(铁运〔2005〕46 号)中的货物运价里程表正确查询运输距离。

2. 按照《铁路基本建设工程设计概(预)算编制办法》(TZJ 1001—2017)第 3.5.2 条的规定,材料的运输方式和运输径路要经过调查、比选,综合分析确定。以经济合理,并符合工程要求的材料来源地作为计算价外运杂费的起运点。

五、施工图及预算审查风险点与经验分享

1. 对报审预算中主要材料的运输方式或运费较高的项目必须格外注意,并及时与设计人员沟通核对运输方案。

2. 及时掌握最新的国家发布的运输价格文件,并应准确掌握主要地方材料的来源地。

预算编制费率计取错误

一、工程简介

××西场转盘线路大修工程，主要内容为××西场转盘及前后线路更换钢轨、轨枕、辙叉，道床清筛，其他附属及配套工程。

建设年份:2025 年。

二、问题描述

设计单位按《中国铁路哈尔滨局集团有限公司关于规范运输设施设备技术改造工程设计概(预)算编制工作的通知》(哈铁计〔2020〕187 号)编制了施工图预算，相应计取了施工措施费、间接费。

该工程为大修项目，计划执行单位为××工务段，自行施工。施工图预算未按《关于进一步规范和明确大修概(预)算编制工作有关事项的通知》(哈铁计通知〔2023〕第 244 号)的要求进行编制，运营单位自行施工的线路大修工程施工措施费按规定费率的 50%计列，间接费不计列。

三、原因分析

设计单位很少承揽大修项目施工图设计，设计者未掌握大修项目预算编制相关要求，预算编制未区分是技改项目还是大修项目，是否为运营单位自行施工。

四、知识点

按照《关于进一步规范和明确大修概(预)算编制工作有关事项的通知》(哈铁计通知〔2023〕第 244 号)，运营单位自行施工的线路大修工程(工务机械段除外)施工措施费按规定费率的 50%计列，工务机械段施工的线路大修工程按规定费率的100%计列;运营单位自行施工大修工程(工务机械段除外)不计列间接费,部分外包但间接费不外包的工程项目也不计列,工务机械段施工的线路大修工程按规定费率的100%计列间接费。

五、施工图及预算审查风险点与经验分享

1. 预算审查时首先要核对施工图预算编制要求,所采用预算编制办法是基建、技改还是大修编制办法。

2. 严格核对施工图预算各章节采用的费率是否正确,不能主观认为计算机软件编制预算费率一般不会出错,而盲目放松审查。

隧道棚洞预算定额套用错误

一、工程简介

××线 K×××+×××隧道进出口安全隐患整治工程，设计方案为进出口新建接长棚洞、改建挡墙、边坡刷坡及防护等，对路基、通信、信号等设施进行迁改和防护。新建接长棚洞进口 90 m、出口 122 m，新建棚洞顶梁采用 C50 钢筋混凝土，桩柱、实体墙、框架梁采用 C40 钢筋混凝土，挖孔桩基础采用 C40 混凝土。桩柱结构、柱顶设置纵梁；两侧纵梁之间设置横顶梁，T 形顶梁长 7.4 m。实体墙底设置承台梁，均采用现浇施工；上部 T 梁采用预制、吊装架设施工。

建设年份：2025 年。

二、问题描述

施工图预算将桩柱结构纵梁预算编列在第四章“隧道及明洞”中的棚洞上部结构章节。纵梁预算定额采用房建定额，与同期上报其他设计院相同章节棚洞纵梁采用的桥梁定额形成反差，应采用桥梁定额。

三、原因分析

预算编制者对棚洞纵梁结构把握不准，在隧道棚洞定额中无对应的预算定额情况下，对纵梁预算编制采用合适的定额要求掌握不准，对结构分类缺少深入认知。纵梁结构与桥梁盖梁类似，与房建纵梁结构（断面尺寸较小）差别较大。

四、知识点

按照《铁路基本建设工程设计概（预）算编制办法》（TB 10801—2024）的规定，设计概（预）算编制应正确引用相关定额，完整、准确地反映设计内容，并结合建设项目具体情况，实事求是。

本案例纵梁结构与桥墩盖梁结构类似，与房建纵梁结构有明显差别，采用房建定额属于预算定额套用错误。

五、施工图及预算审查风险点与经验分享

审查预算时须首先核对预算是否按照《铁路基本建设工程设计概(预)算编制办法》采用统一的章节表，按章节编制预算并细致区分结构类别选用合适的定额，有错误应予以准确调整。

错误计列拆迁补偿费和青苗补偿费

一、工程简介

×××站 4 线货场集装箱场区新建工程，主要内容为新建正面吊作业区，拆除既有普通硬面，拆除既有栅栏，并设置砖围墙(上设 0.7 m 高钢丝网)。

建设年份:2025 年。

二、问题描述

本工程新建正面吊作业区，所选位置皆为铁路用地。施工图设计方案中计列了拆迁补偿费和青苗补偿费。

三、原因分析

设计单位对建设用地权属调查不细，对铁路用地界内拆迁补偿费和青苗补偿费不计列的规定掌握不清楚。

四、知识点

1. 按照《铁路基本建设工程设计概(预)算编制办法》(TB 10801—2024)的规定，拆迁补偿费是指被征用土地上的房屋及附属构筑物、城市公共设施等迁建补偿费等。本工程为铁路用地，无须征用。

2. 按照《铁路基本建设工程设计概(预)算编制办法》(TB 10801—2024)的规定，青苗补偿费是指在铁路用地界以外修建正式工程发生的青苗补偿费用。本工程为铁路用地，无须计列青苗补偿费。

五、施工图及预算审查风险点与经验分享

对预算中计列拆迁补偿费和青苗补偿费，必须弄清建设用地权属，准确掌握拆迁补偿费和青苗补偿费有关规定和标准，确保审查准确无误。

周转性材料消耗未按规定次数摊销

一、工程简介

××经济开发区输变电项目 66 kV 电线路工程上跨××线铁路(K120＋307),电力线路跨越铁路施工,对铁路线路、10 kV 电力贯通线、通信架空光电缆防护采用跨越架、封顶网形式。跨越架采用木杆支架搭设,采用拉线地锚的方式固定,防止倾倒侵限,跨越架上使用绝缘绳、绝缘防护网封顶。

建设年份:2023 年。

二、问题描述

本工程搭设木脚手架,需要硬木锯材 211.8 m^3,预算按硬木锯材材料消耗 211.8 m^3 编制。木脚手架属于周转性使用材料,未按规定次数摊销并计列摊销费用,一次性计列木脚手架全部消耗不合理。

三、原因分析

设计人员对定额中周转性使用材料消耗原则掌握不清,未按规定次数摊销并计列费用,导致预算不准确。

四、知识点

1. 铁路工程基本定额明确指出,材料消耗量包括净用量和损耗量。损耗量包括工地搬运及操作损耗,操作损耗指材料从工地至现场安装地点各种损耗,包括运输、施工及施工现场堆放损耗等。如脚手架、模板等周转性使用材料,不应该按一次性使用净用量计列,而是应该按照工地搬运及操作损耗率,以及摊销次数计列材料消耗。

2. 铁路工程基本定额规定了周转性使用材料损耗率及摊销次数,木脚手架的摊销次数为 12 次,应按摊销 12 次计列木脚手架消耗量。

五、施工图及预算审查风险点与经验分享

对定额中的工料机消耗,要掌握工料机计列消耗的原则,要区分是净用量消耗还是损耗量,不同品类的材料消耗原则不同。比如,同样是钢模板,组合钢模板每次摊销量与定制钢模板或大块钢模板的摊销量计列原则不一样,组合钢模板需要考虑工地搬运、操作损耗率及摊销次数,而定制钢模板和大块钢模板只需要考虑摊销次数。

预算编制章节使用错误

一、工程简介

××市城区大唐热电至中盟热电一级管线工程穿越铁路防护涵，该工程为新建下穿框构涵，采取顶进施工、架设D梁防护措施，影响范围内既有铁路信号迁改。

建设年份：2025年。

二、问题描述

信号迁改预算编列在第三章"桥涵"0308框架桥章节中，预算章节使用错误。

三、原因分析

设计单位编制预算随意性大，不按规定编制。

四、知识点

按照《铁路基本建设工程设计概(预)算编制办法》(TB 10801—2024)的规定，应按附录A专业章节正确编制，信号迁改预算应编列在第六章"通信、信号、信息及灾害监测"章节中。

本案例未按规定章节编制，需要人工干预修改各项费率。

五、施工图及预算审查风险点与经验分享

1. 对编制施工图预算的内容需仔细审查是否按章节编制，避免编制预算出现串列章节问题，导致预算不准确。

2. 加强规章制度学习，按章节实事求是编制预算。

软件升级修改费用计列章节错误

一、工程简介

××线××站关闭改造工程，主要内容为关闭××站，其中信号专业内容为：新设 TDCS3.0 列车调度指挥系统站机；修改××站区间闭塞设备，上、下行进站信号机及同向正线出站信号机改为区间通过信号机，增加闭塞分区；适应性配套新设区间室内外信号设备，拆除车站既有相关信号设备；适应性改造 K45 道口报警条件；既有区间电源屏利旧使用；新设 2020 版信号集中监测站机，修改各级监测系统软件；同步修改××站、××站、××站既有方向电路、站联电路、闭塞分区电路和区间逻辑检查设备等。

建设年份：2024 年。

二、问题描述

区间逻辑检查下位机及维护终端升级、信号集中监测段中心总机软件修改、调度台中心及邻站改造、车站服务器接入改造 4 项软件修改费用共计 67.6 万元计列在第六章信号设备购置费小节中，应计列在第十一章，属于章节计列错误。

三、原因分析

1. 设计者在预算编制过程中分类不认真，没有按照工程设计概(预)算编制办法将软件开发、修改计列在第十一章其他咨询服务费项下。

2. 将软件修改费作为设备购置费计列在第六章中，造成第十一章中印花税、可研审查费、设计费计算基数增大，有为多计取设计费而故意错误计列章节的嫌疑。

四、知识点

按照《铁路基本建设工程设计概（预）算编制办法》（TZJ 1001—2017）的规定，计算机软件开发与购置费指购买计算机硬件所附带的单独计价的软件，或需另行开发与购置的软件所需的费用，归列在其他费中其他咨询服务费项下。

五、施工图及预算审查风险点与经验分享

1. 审查过程中对软件升级改造费用应注意甄别，准确判断是单独计列的软件费用，还是含有软件的硬件设备购置费用。

2. 设计者、审查者都应对预算编制章节给予高度重视，按统一的章节表编制预算和审查预算，避免造成章节计列混乱和费用计取不准确。

软件购置费用计列章节错误

一、工程简介

××站新建铁路货车装载视频监控系统工程，主要内容为在××站西牵线(对应××线 K35+086)、××K36+850 处新建跨 3 线桁架各一座，在每座桁架上安装工业线阵高清图像采集模块等前端设备，在每座桁架下安装地面自动识别等设备，同步进行通信、电力、房建等配套建设。

建设年份：2025 年。

二、问题描述

设计者将购置计算机软件费用计列在设备购置费章节，第一章至第十章合计费用增大，导致第十一章各类其他费用相应增加，设计费大幅增加。软件费用计列章节错误。

三、原因分析

信息专业设计者未掌握计算机软件购置费用应计列在第十一章“其他费用”章节的规定，将软件购置费编列在设备购置费章节，导致计列章节错误。

四、知识点

按照《铁路基本建设工程设计概(预)算编制办法》(TB 10801—2024)的规定，计算机软件开发与购置费指购买计算机硬件所附带的单独计价的软件，或需另行开发与购置的软件所需的费用，计算机软件购置费属于其他费，计列在第十一章。

五、施工图及预算审查风险点与经验分享

严格审查预算中设备购置内容，防止误列、串列。

路内与路外电力投资界面混淆

一、工程简介

燃煤锅炉清洁能源改造项目工程，是×××局集团公司响应国家及地方政府环保号召，在城市建成区须全面取缔小燃煤锅炉设备而立项的成批技术改造项目。

建设年份：2024年。

二、问题描述

施工图设计方案未按《国网黑龙江省电力有限公司业扩配套工程管理办法》《国网哈尔滨供电公司关于印发低压小微企业业扩报装与配套电网项目管理流程指导意见》，以及用电申请答复单要求，将路内与路外分界点电源侧供电设施（架空线路含柱上一二次融合开关、熔断器等开断设备及其他附属设备，计量装置）计列入铁路投资，投资界面错误导致集团公司投资预算多计300余万元。

三、原因分析

1. 电力专业设计人员不掌握国家电网对于业扩配套工程的相关管理办法。

2. 设计人员及预算编制人员未仔细研读清洁能源工程的用电申请答复单中的相关投资界面内容。

3. 建设项目立项时，对于与国家电网的投资界面未深入研究。

4. 可行性研究阶段设计单位前期调查研究深度不够，没有取得国家电网相关电源引入的具体实施方案设计文件。

四、知识点

《国网黑龙江省电力有限公司业扩配套工程管理办法》第二条明确规定：普

通高压电力客户类业扩配套工程，投资界面以客户电源线路接入公用开关（环网）站或既有架空线路的连接点为投资分界点，分界点电源侧供电设施（架空线路含柱上一二次融合开关、熔断器等开断设备及其他附属设备；计量装置含高压新装和低压零散新装电能表、新建居配工程电能表、零散新装和新建居配工程低压互感器、安装于用户红线外的计量专用互感器）由公司投资建设，分界点负荷侧受电设施（含电缆终端头、安装于用户红线内高压成套设备中配套采购等）由客户投资建设。

本案例中路内与路外分界点电源侧供电设施（架空线路含柱上一二次融合开关、熔断器等开断设备及其他附属设备，计量装置）应由国网电力公司负责投资，不应由铁路投资。

五、施工图及预算审查风险点与经验分享

1. 涉及接、引地方设施的设计方案，可研、初步设计前勘察设计单位配合建设单位做好接水、接电、供热、排污等前期方案并与地方签订协议，满足设计文件编制深度要求。

2. 全面掌握国家、行业相关规定、办法，合理确定投资界面。

施工图设计文件编制深度不够

一、工程简介

××站生产生活房屋新建工程，主要工作内容：拆除××站运转班组休息室、食堂等建筑物，原址新建1栋生产生活房屋（地上2层、地下1层），建筑面积约700 m^2；改造既有锅炉房，并新设300 kW电磁锅炉2台；同步做好电力、通信、给排水、消防等配套建设；锅炉房新设锅炉，接引国家电网电源。

建设年份：2024年。

二、问题描述

接引国家电网电源未取得国家电网用电申请答复单及电源引入的具体实施方案。设计者与地方电业局、铁路供电段三方共同在现场口头制定实施方案，没有书面正式实施方案文件，电源接引预算按暂估价计列60万元，施工图设计文件编制深度不足。施工图审查过程中发现前期要件不全、编制深度不够，要求设计单位完善接引国家电网电源设计。设计单位取得国家电网用电申请答复单后，此部分设计预算增加至150多万元，导致此工程造价超出可研批复额度10%以上，需重新立项，当年无法实施。

三、原因分析

1. 可行性研究阶段设计单位前期调查不实、不细，没有取得国家电网相关电源引入的具体实施方案设计文件，设计人员根据以往设计经验暂列一笔费用，导致预算超出可研批复额度10%以上。

2. 设计单位总体把关不严，施工图阶段仍然对暂列金额未进行深入研究，最终致使工程项目无法实施。

四、知识点

1. 设计单位应按《铁路建设项目预可行性研究、可行性研究和设计文件编制办法》(TB 10504—2018)的规定，施工图设计文件应满足编制深度要求，在初步设计前铁路勘察设计单位应做好接水、接电、供热、排污等前期方案并与地方签订协议。

本案例未取得国家电网相关电源引入的具体实施方案设计文件，暂估预算能否满足实际需求仍待确定，无法保证工程顺利实施，施工图编制深度不够。

2. 按照《中国铁路哈尔滨局集团有限公司基建、更改、大修概预算审查管理办法》的要求，勘察设计单位要按照委托设计合同约定提交施工图设计文件，并提供相应资料，做好配合审核工作。

五、施工图及预算审查风险点与经验分享

1. 涉及接引地方设施的设计方案，可研、初步设计前勘察设计单位配合建设单位做好接水、接电、供热、排污等前期方案并与地方签订协议，满足设计文件编制深度要求。

2. 可行性研究的工程数量和投资估算要有较高的准确度，达到规定的深度，为后期施工图设计文件提供准确的项目建设标准、工程规模和总投资依据。

在投资规模有控制要求的情况下，施工图阶段不宜按暂列、暂估价计列预算。

施工图未执行可研批复

一、工程简介

××站延长牵出线工程，主要内容：在既有牵出线末端接轨，以半径 2 500 m 的曲线右转，向满侧延长 460 m，采用 50 kg/m、25 m 再用轨，采用Ⅱ型混凝土枕，铺设根数为每千米 1 600 根，新设升降式投光灯塔 2 座，光源采用节能设备，同步做好信号、供电等配套建设。

建设年份：2024 年。

二、问题描述

可研批复的建设方案是在既有牵出线末端接轨，以半径 2 500 m 的曲线右转，向满洲里侧延长 460 m。报审的施工图中牵出线曲线半径为 900 m，未执行可行性研究报告的批复意见。

三、原因分析

1. 牵出线延长前方滨洲上行线左侧有接触网立柱，设计者为了减少接触网立柱对牵出线延长的影响，便在既有牵出线末端以 $R=900$ m 的右偏曲线向满洲里侧延长 466 m，延长后牵出线有效长为 978 m，且未与原可研批复部门沟通。

2. 设计单位现场调查不细致，未对现场地物予以定测，经再次现场调查发现接触网立柱不影响原可研批复的建设方案，可以满足曲线半径 2 500 m 的技术标准要求。

四、知识点

按照《铁路建设项目预可行性研究、可行性研究和设计文件编制办法》

(TB 10504—2018)的规定，报审的施工图必须执行可研批复的技术标准且说明执行情况。

五、施工图及预算审查风险点与经验分享

1. 曲线半径的大小在站场改造工程中是重要的技术标准，直接影响行车速度和运输安全。曲线半径是设计者主要考虑的因素，也是审查者密切关注的内容。

2. 认真审查施工图设计文件是否严格执行可研批复的规模、标准，发现不一致时要及时与设计者沟通，问询原因。

施工图未按可研批复要求同步结合实施进行设计

一、工程简介

××线××站信号联锁缺陷补强整治工程，主要内容为××站室内外信号设备统筹“××、××、××站开行旅客列车适应性改造工程”同步实施联锁改造，新建信号机械室，电力、通信等配套改造。

建设年份:2025 年。

二、问题描述

××、××、××站开行旅客列车适应性改造工程中，信号专业 D4 信号机至××站方向接近区段绝缘节间信号机、轨道电路、电码化电缆、配套箱盒全部新设。××站信号联锁缺陷补强整治工程在可研阶段即明确与“旅客列车适应性改造工程”结合同步实施。2025 年 1 月，“旅客列车适应性改造工程”完成施工图设计文件审批。2025 年 2 月，设计单位提报的××站信号联锁缺陷补强整治工程施工图未剔除或明示“旅客列车适应性改造工程”已改造的范围及内容，施工图预算计列了重叠内容。

三、原因分析

设计者缺乏责任心，未按照可研阶段明确的两工程结合同步实施要求进行统筹设计。

四、知识点

按照《铁路基本建设工程设计概(预)算编制办法》(TB 10801—2024)的规定，设计概(预)算编制应正确引用相关定额，完整、准确地反映设计内容，并结合建设项目具体情况，实事求是、精打细算、从严控制、节省投资。

××站信号联锁缺陷补强整治工程施工图重叠设计××、××、××站开行旅客列车适应性改造工程中信号、电力专业的部分内容，未结合建设项目具体情况，实事求是反映设计内容，未执行可研批复意见。

五、施工图及预算审查风险点与经验分享

1. 对年度内同一地点不同建名的工程项目要及时掌握建设计划信息，审查时做好统筹兼顾，避免重复投资造成浪费。

2. 对工程内未超大修期设备重点调查，结合设备实际状态进行改造，力求精打细算、从严控制。

施工图设计与实际地貌不符

一、工程简介

×××西站区排水系统改造工程，新设排水管管路约 6 km，依规范要求设置检查井、排水井、泄压井等各类井室，共计 54 处。除上跨华能电厂专用、西干渠外，其他管道均埋于地下，将污水排入市政管网。

建设年份：2024 年。

二、问题描述

该工程于 2023 年进行可研技术文件审查，但因排水系统接入市政管网位置未能确定，致使施工图设计方案不稳定，一直无法实施。2024 年，设计单位确认接入市政管网位置后完成施工图。施工前，建设单位发现占用土地不全是铁路用地，有一部分为基本农田，且管线经由的地方地界内，于 2023 年开挖了鱼塘。工程设计勘察时的地貌、地物与 2024 年现状严重不符。

三、原因分析

1. 设计单位在可行性研究过程中想当然地认为所用土地皆为铁路用地，未核实用地性质。

2. 市政管网产权未移交问题，影响排水系统接入市政管网位置无法确定，导致初步设计与施工图设计时间跨度较大，接入位置确认后，设计单位未重新对现场进行查勘。

四、知识点

设计单位编制可行性研究文件前，应向路局土地房产部门确认铁路用地地界范围。如需占用地方土地，应及时向地方政府有关部门递交用地申请，确保土地可以合规使用后,确定最终设计方案。

五、施工图及预算审查风险点与经验分享

1. 用地地界不明确,易造成施工方案无法落实。

2. 及时办理用地申请,明确可用地界范围是进行施工图设计前提。

3. 设计周期跨度较长的工程,地物、地貌易发生变化,施工图阶段应进行现场复勘,确保施工图设计方案合理、可行。

施工图设计缩短到发线有效长

一、工程简介

哈尔滨钢铁产业园铁路专用线工程(滨绥线阿城站接轨改造工程),主要内容:专用线哈尔滨侧在滨绥线下行线 K38＋632.92 处插入一组道岔,用于引出哈尔滨钢铁产业园园区场正线;专用线牡丹江侧连接阿城站 3、5 线,阿城站 25 号、27 号道岔拆除,更换为一组交叉渡线道岔;同步做好信号、供电等配套建设。

建设年份:2024 年。

二、问题描述

可研批复的建设方案是阿城站拆除 25 号、27 号道岔,铺设一组交叉渡线,施工图阶段设计者发现此方案造成 7 道到发线哈侧无列车进路,故设计者在 5 道和 7 道间插入一组单渡线,致使 5 道到发线有效长由 1 085 m 缩短为 1 040 m。

三、原因分析

可研设计方案不够全面,设计者发现可研方案存在问题时,未与原方案批准部门沟通说明有效长变化情况,有效长改变未征求运输部门意见。

四、知识点

按照《铁路线路设计规范》(TB 10098—2017)第 3.0.1 条的规定,到发线有效长度为铁路主要技术标准之一,设计者必须严格执行。

五、施工图及预算审查风险点与经验分享

1. 缩短到发线有效长,将直接影响运输安全和列车到发效率,站场改造工

程中到发线有效长的变化是设计者主要考虑的要素，须密切关注是否满足区段、车站到发线有效长系列标准。

2. 认真审查施工图设计文件是否严格执行可研批复的规模、标准，发现不一致时要及时与设计者沟通，问询原因。

3. 优化设计方案。哈尔滨钢铁产业园铁路专用线工程(滨绥线阿城站接轨改造工程)存在到发线有效长缩短的情况，优化方案建议如下：把本项目更换的1组交叉渡线道岔变更为1组一渡一交道岔，取消两组单开道岔，可以满足到发线有效长使用要求，同时符合规范要求，并能降低工程造价，保证行车安全。

站场咽喉区正线坡度违规

一、工程简介

××线××站新建工程，主要内容为在××线 K28＋550 处新建××站（会让站），车站设正线 1 条、到发线 1 条，预留到发线 1 条，有效长 2 084 m，正线和 1 道具备接发超限货物列车条件。在××线 K26＋690、K29＋033 处分别插入 1 组 60 kg/m 钢轨 12 号混凝土岔枕无缝道岔，图号为 SC(07)330。

建设年份：2022 年。

二、问题描述

既有××线线路等级为国铁Ⅱ级，限制坡度为 6‰，本次新建××站限制坡度维持既有标准。K26＋690 处原线路坡度为 5.9‰，插入道岔后并未调整此处线路坡度，超出咽喉区的正线坡度不应大于限制坡度减 2‰的规定。

三、原因分析

设计者对站场线路坡度标准掌握不全面、准确，忽略了车站咽喉区道岔阻力引起的坡度叠加因素。

四、知识点

根据《铁路线路设计规范》(TB 10098—2017)第 6.4.14 条，车站站坪坡度应符合下列规定：

1. 到发线有效长度范围内的正线宜设计为平坡。困难条件下，可设计为不大于 1‰的坡度；特殊困难条件下，有充分技术经济依据时，会让站、越行站可设计为不大于 6‰的坡度，但不应连续设置。改建车站在特殊困难条件下，如有充分技术经济依据，可保留既有坡度，但应采取防溜安全措施。

2. 咽喉区的正线坡度，宜与到发线有效长度范围内的坡度相同。特殊困难条件下，咽喉区的正线坡度不应大于限制坡度减2‰，且区段站、客运站咽喉区的正线坡度不应大于2.5‰，中间站、会让站、越行站咽喉区的正线坡度不应大于10‰，并满足车站技术作业要求。

本案例中线路限制坡度为6‰，特殊困难条件下，咽喉区的正线坡度不应大于4‰。现咽喉区正线坡度为5.9‰，违反规范标准的规定。

五、施工图及预算审查风险点与经验分享

1. 线路坡度是铁路线路的重要技术指标，直接关系列车的牵引质量和运输安全，必须予以认真细致审核。

2. 非极其特殊情况，尽量不要用到规范规定的极限值，谨慎选用使用条件。

路基排水沟设计方案不合理

一、工程简介

××线(单)K96＋400～K97＋400 水害复旧工程,××线 K96＋400～K96＋500 段路堤高 0～1.0 m,K96＋500～K96＋900 段路堑深 0～2.0 m,线路左侧为上坡耕地,无截排水设施,2024 年线路左侧多次发生水漫路肩和路堑边坡溜坍事故,存在防洪和行车安全重大隐患。复旧设计方案为在××线 K96＋410～K96＋925 左侧修建钢筋混凝土 L 形侧沟,侧沟与道口涵管两端相接处设渐变段,由矩形沟变为梯形沟,K96＋925～K97＋250 左侧设混凝土脚墙及混凝土路堤护坡。

建设年份:2025 年。

二、问题描述

钢筋混凝土 L 形侧沟设置不合理,靠近线路侧的侧沟边墙高出路肩 0.5 m,路基本体失去或严重削弱横向排水功能,路基范围内的水不能直接排入侧沟,只能沿线路纵向流淌,对路基基床保持干燥稳定极为不利。同时,对线路日常维修作业空间产生不利影响,作业面变小。

三、原因分析

1. 设计者未充分考虑路基排水沟设置的原因及设置原则。设计方案仅解决了水漫线路问题,未考虑路基本体的排水问题,设计方案不全面。

2. 现场勘察不细,未考虑线路日常维修作业空间受限影响。

四、知识点

路基排水沟的作用是排除地表水,排除并引排路基范围内的地表水,如降雨形成的坡面径流、路堑顶部的汇水等，防止地表水在路基表面积聚和下渗，从而保护路基土体的强度和稳定。路基水流引导至侧沟内，可有效降低路基面的地下水位，使道床处于较为干燥的状态，保证道床的弹性和稳定性，减少轨道的病害，延长轨道结构的使用寿命。

设计者此次设计的 L 形侧沟，阻断了路基本体横向排水，路基范围内的地表水需要下渗然后通过 L 形侧沟上的泄水孔排至侧沟，导致排水不畅或者路基不能保持干燥，不利于路基稳定。

五、施工图及预算审查风险点与经验分享

1. 掌握路基排水沟设置原则，知晓其功能和作用，保证施工图设计的合理性、全面性。

2. 设计方案不能因解决了一个问题而引发其他问题，不能顾此失彼。

3. 优化方案。在××线 K96＋502～K96＋923 段左侧新建混凝土截水墙和侧沟 421 m，混凝土截水墙后新建浆砌片石截水沟，彻底解决水漫路基、路堑边坡三处路外单位对铁路路基排水问题。此方案将路基左侧坡上水流截流至截水墙外侧截水沟内，截水墙靠近路基侧设置的侧沟也能很好地将路基本体范围内的水引流至排水涵洞处，做到了截外水、排本体水，彻底解决了路基排水问题。

挡墙植筋加固设计方案缺陷

一、工程简介

××线(上)K313+725～K313+823 既有浆砌片石挡土墙墙体内部多处存在不密实、有空洞(无损检测发现)问题,为保证挡土墙体稳定,原设计方案为对既有浆砌片石挡土墙进行植筋加固,在既有浆砌片石上钻孔、注浆、植筋。

建设年份:2024 年。

二、问题描述

本工程对浆砌片石挡土墙进行植筋加固,浆砌片石挡土墙不密实、有空洞,原设计方案用浆砌片石作为基材进行植筋,基材不能满足植筋加固技术要求,不能发挥钢筋的抗拉、抗剪等力学性能,不能起到增强结构强度、刚度效果。

三、原因分析

设计者未充分考虑植筋加固对基材的技术要求,未考虑被连接结构的类型(结构构件与非结构构件)、锚栓受力状况(受拉、受压、受弯、受剪及其组合)等因素的综合影响,既有浆砌片石挡土墙已经存在不密实、有空洞等问题,且浆砌片石存在一定的风化情况,植筋加固方案缺乏针对性,不够科学合理,本工程浆砌片石挡土墙不适宜用植筋技术进行加固。

四、知识点

植筋技术一般是针对混凝土结构进行的应用于已有建筑物的加固改造工程技术,植筋技术对承载锚栓的母体结构材料是有要求的,风化混凝土、严重裂损混凝土、不密实混凝土、结构抹灰层、装饰层等,均不得作为锚固基材,基材混凝土强度等级不应低于 C20。

在进行植筋加固前，需要对基材结构、材料进行详细的检测和评估，确保其满足植筋加固技术的要求，以保证加固工程的质量和安全。

五、施工图及预算审查风险点与经验分享

1. 设计方案应考虑各种不同材质的建筑材料的受力、容易被破坏的受力形式，然后针对不同材料选择不同的加固方式。

2. 后锚固连接设计，应根据被连接结构类型、锚固连接受力性质及锚栓类型的不同，对其破坏形态加以控制。对受拉、边缘受剪、拉剪组合的结构构件的锚固连接，应控制为锚栓或植筋钢材破坏，不应控制为基材破坏。

3. 优化设计方案。原植筋方案改为锚杆方案，浆砌片石之间的空洞处注入水泥浆填充，并在浆砌片石表面采用 30 cm 厚 C30 混凝土包箍。锚杆采用直径 25 mm 热轧带肋钢筋，每根锚杆长 2.5 m。锚杆设置间距 2 m，梅花形布设，并根据墙高调整纵向设置数量。锚杆可以将浆砌片石与墙后土体连成一个整体，抑制墙后土体的滑动，提高挡土墙及墙后土体的稳定性。

弃土场、材料厂缺少位置平面图

一、工程简介

××站站场改造工程，主要内容：将5道改为到发线，并向牙克石方向延长，延后有效长1 192 m；拆除既有3号道岔，4道与既有1号道岔相连，改造后4道有效长902 m；拆除6道，1道有效长变为710 m；既有轨道衡移设至2号道岔前；同步做好信号等配套建设。

建设年份：2025年。

二、问题描述

1. 施工图设计文件中只说明弃土弃渣由施工单位妥善处理，且要符合环保要求。预算弃土运距按25 km编制，没有弃土场平面图和具体位置。

2. 施工图设计文件中重点大型临时设施设置意见，只表述了材料厂尽可能占用站场既有土地，不再新增用地。预算中计取材料厂费用14.25万元，没有材料厂的位置平面图和详细预算。

三、原因分析

1. 设计人员未现场实地调查该工程所在地附近的弃土场情况和位置，错误认为由施工单位妥善处理就可以了。

2. 设计人员未严格执行《铁路建设项目预可行性研究、可行性研究和设计文件编制办法》(TB 10504—2018)中关于施工图设计文件编制的相关规定，并应达到要求的深度。

四、知识点

1. 施工图设计文件应按照《铁路建设项目预可行性研究、可行性研究和设计文件编制办法》(TB 10504—2018)规定的深度编制取弃土场设计图,包括设计说明、工程数量表、平面图(图中填绘地形、地质资料、取弃土场位置、边坡坡率、挡护及排水工程等,比例1∶500～1∶10 000)。

2. 按照《铁路建设项目预可行性研究、可行性研究和设计文件编制办法》(TB 10504—2018)规定编制的施工图设计文件应附有大型临时设施总平面布置图。

五、施工图及预算审查风险点与经验分享

审查时要特别注意施工图设计文件是否达到施工图阶段要求的深度,并及时与设计人员沟通核对补充相关图纸和资料,以便合理确定工程造价。

既有线防护措施设计错误

一、工程简介

××线(单)K504+096隧道病害整治工程，施工图设计方案病害描述拱顶滴水成线2处、左侧边墙冒水3处，冬季结冰。整治方案为新建避车洞和竖井，向深埋泄水洞排水；施工缝注胶封堵、压浆。线路防护采用3-5-3吊轨梁加固防护。

建设年份：2025年。

二、问题描述

××线(单)K504+096隧道病害整治工程，新建避车洞和竖井开挖，既有线采用3-5-3形式吊轨梁加固防护设计方案，吊轨梁加固防护采用3-5-3形式错误，保证不了架空安全。

三、原因分析

设计单位对防护加固方案掌握不清，对结构分类缺少深入认知，对架空防护理论研究不够深入。

3-5-3吊轨加固不是防护基础开挖架空方案，而是防护固定线路方向的措施，主要用于横抬梁顶进方案的固定线路方向的控制。3-5-5-3形式吊轨梁才是防护线路架空安全形式，保证轨道结构形变在安全允许范围内。

四、知识点

按照中国国家铁路集团有限公司《普速铁路工务安全规则》(铁工电〔2023〕54号)和《铁路大型临时工程和过渡工程设计规范》(Q/CR 9149—2018)的规定，过渡防护工程必须满足线路或车站主要运输设备在过渡期间最低通过能力要求。

过渡工程必须确保行车及人身安全，减少施工对运营的干扰。

本案例3-5-3吊轨加固措施与3-5-5-3形式吊轨梁防护方案有明显差别，属于采用防护方案选用错误。

五、施工图及预算审查风险点与经验分享

1. 审查施工图时，应按防护类别判断防护设计方案是否合理可行，是否能够保证行车安全。

2. 设计单位应加强设计人员对既有线防护安全的培训，全面了解防护措施，结合现场实际，加强结构安全的检算，保证设计质量，确保行车安全。

圆涵结构配筋缺少可行性

一、工程简介

××市城市污水管网二期项目穿越××线防护涵新建工程，设计方案为架设 D24 梁防护，泥水平衡法顶进 1-2.6 m 钢筋混凝土圆涵，影响范围内的铁路通信、信号、电力杆予以迁改。

建设年份：2025 年。

二、问题描述

圆涵为厂家预制购进，该涵设计配筋内、外螺旋主钢筋直径为 20 mm 螺纹钢筋，内、外螺旋主钢筋直径过大。经调查，目前国内没有设备能实现 20 mm 螺旋主钢机卷，只能人工研制胎模后实施，难度极大，造价较高，存在圆涵管节无法预制风险。

三、原因分析

1. 专业设计人员简单地认为只要配筋设计满足荷载等检算要求就可以了。

2. 设计单位没有结合实际进行设计，在没有与生产厂家沟通能否实施的情况下进行圆涵配筋设计。

3. 设计单位分级审核不到位，总体把控能力有待进一步提高。

四、知识点

按照《铁路桥涵混凝土结构设计规范》(TB 10092—2017)第 1.0.1 条的规定，结构设计应安全可靠、先进成熟、经济适用。

本案例中设计配筋 20 mm 螺旋主钢，没有成熟设备实施完成，生产厂家需新设胎模再实施，造价较高，由于需求数量少，厂家没有意愿生产。

五、施工图及预算审查风险点与经验分享

1. 施工图审查必须充分考虑设施现状，予以认真细致调查，充分论证设计方案的可行性、合理性、安全性。

2. 设计方案和结构设计应实事求是，充分调查论证其适用性。

涉铁工程施工图缺少排水设施

一、工程简介

哈尔滨哈投投资股份有限公司铁路专用线改扩建工程，主要内容为在原专用线上接轨新建 2 条装卸线，改扩建工程包含轨道、路基、桥涵、通信、电力等工程。

建设年份：2024 年。

二、问题描述

1. 新建装卸线路基位于地面线以下，地势较低，装卸厂区无排水设施，雨雪水直接汇集到线路上，易造成线路冻害，增加维修工作量，存在安全风险隐患。

2. 穿越新建装卸线的框构涵设计涵长 55.93 m、净高 1.25 m，两端衔接封闭直埋排水管，涵长范围内只设 1 个检查井，不满足桥涵设计规范要求。

三、原因分析

1. 可行性研究阶段设计单位前期调查不仔细，研究深度不够。

2. 设计者对设计规范掌握不到位，未结合工程项目位置地形特征相应设置路基排水、桥涵检查设施。

3. 设计者仅考虑业主减少投资意见，未严格执行规范要求，为了减少投资而缩减必备的功能，安全意识不强。

四、知识点

1. 按照《铁路专用线设计规范（试行）》（TB 10638—2019）第 6.1.6 条、第 6.6 节的规定，路基应设置排水设施。

2. 按照《铁路专用线设计规范（试行）》（TB 10638—2019）第 7.2.5 条的规定，净高 1.25 m 时，设计涵长不宜超过 25 m。中间只设 1 个检查井，不满足前述规范要求，应设置 3 个检查井。

五、施工图及预算审查风险点与经验分享

1. 线路排水设计应根据路基形式、地形特征、气候、降水、植被情况，设置排水设施。

对报审的施工图中应设置排水设施而设计未设置的违反设计规范的情况，要格外注意，因为会直接影响专用线使用功能，并间接影响铁路行车安全，应及时与设计和相关部门沟通核对，予以改正。

2. 检查井设置数量、位置应根据涵洞长度、净高情况合理设置。

在排水涵洞出入口封闭的情况下，对设计设置检查井数量不足违反设计规范的情况，要格外注意，因为会直接影响涵洞使用功能，并影响检查和维修作业，间接影响铁路行车安全。

3. 优化设计方案。在新建涵洞两端增加两处检查井。

涉铁工程设计方案错误

一、工程简介

国道232线紫沟至大兴段公路跨越滨洲线铁路三座立交桥及与铁路并行路段工程，此工程中的并行段公路新建K44＋940哈拉苏3号中桥(3～20 m)，与其对应的铁路路基横向距离为33.35 m(铁路路肩至公路路肩)，按来水方向，公路在铁路上游，水流经过公路桥后，采用混凝土挡墙对并行铁路线路进行防水流冲刷的设计。公路K44＋721、K44＋940两座桥涵在铁路线上游侧且均对应滨洲线铁路K442＋607桥排水，在公路与铁路间公路侧设排水沟渠以及挡水墙，对铁路桥上游两侧路基边坡各不小于50 m范围砌石护砌，雨水通过排水沟渠统一汇入铁路桥后排出。

建设年份:2023年。

二、问题描述

公路改造为一级公路，此处设计公路路基填筑高度为4.56 m，公路比铁路路肩标高高出3.526 m，对铁路的涉铁防护方案为采用平行于铁路线路的混凝土挡墙防护，此段挡墙基础埋深分段为2 m和1 m，墙高1.5 m，设计提供的局部冲刷深度为1.94 m，挡墙埋深和挡墙高度均不满足铁路规范规定的冲刷(未考虑规范规定冲刷安全值等)和防水高度要求(未考虑规范规定预留安全值和壅水高度等)。水流遇挡墙转弯后过水断面缩小严重，也未计算冲刷和设计水位等影响。设计方案造成铁路与公路并行段间形成220 m长集中排水河道，即使采取挡墙方案，也存在汇水冲击铁路的安全风险。

三、原因分析

1. 为了减少投资，设计单位按业主意见缩减功能或降低设计标准。

2. 设计者对规范和设计标准研究不够深入，尤其是公路与铁路并行情况下，均须满足公路、铁路行业的相关标准。

3. 专业设计人员为公路道路专业，没有铁路设计经验。铁路咨询设计单位没有认真把关。

4. 可行性研究阶段设计单位前期调查研究深度不够，批复部门研究不细，设计方案不可行，违规问题没有发现。

四、知识点

1. 并行段新建公路桥位和防护设施应满足相关铁路规范的要求。

2. 新建公路桥的设计位置应对应于铁路桥桥位。

五、施工图及预算审查风险点与经验分享

1. 对与铁路线路有安全关联风险的公路、管道、市政等工程，必须严格审查其施工图（相关部分）是否满足铁路设计规范要求，对施工图中不满足相关设计规范的情况，应分析原因，要求设计单位整改，确保设计方案满足使用功能和行车安全。

2. 与前期鉴定设计方案是否一致应予以重点核对，是否满足使用要求，有无违反强制性标准情况。前期鉴定设计方案如有不符合设计规范的情况，影响行车安全的，应按程序予以改正。

涉铁工程施工图错漏

一、工程简介

××农业科技××有限公司铁路专用线工程，包括××铁路专用线以及××北站接轨改建相关工程及相关配套工程。××铁路专用线采取准、宽轨装卸线对向引入方案，装卸线间采用横列布置，场内股道纵断面为平坡。换装场内自北向南分别布置宽轨卸车线 1 条、准轨装车线 1 条，各装卸线装卸作业长度不小于 1 050 m，满足中俄列车装卸作业条件。专用线在××北站接轨，准、宽轨铁路分别引入米高物流园区内。

建设年份：2023 年。

二、问题描述

1. 与此工程相关联的××至××铁路扩能改造工程、集团公司××口岸综合物流园铁路专用线工程已启动前期工作，但设计方案未考虑××北站近远期规划相互影响并预留条件。

2. 本施工图改移道路设计文件未考虑规划中的××北站集装箱换装区需要正面吊等大型车辆进出的需求，尤其是框构内道路净高设计为 4.5 m，不满足正面吊通行条件。

3. 改移道路设计标准有误。一是改移道路（框构桥引道）坡长 30 m 不满足《公路路线设计规范》（JTG D20—2017）第 8.3.1 条最小坡长 60 m 的规定；二是曲线地段道路未按《公路路线设计规范》（JTG D20—2017）第 7.6 节要求设置曲线加宽；三是改移道路引道路面结构未按实际荷载检算，路面结构厚度 45 cm 不满足最小结构冻深要求；四是无改移道路（框构桥引道）的地质钻探资料，应补充钻探。

4. 框构桥侧向宽度、净高未达到道路建筑限界标准，不满足《公路工程技术标准》(JTG B01—2014)第 3.6.1 条建筑限界要求。

5. 轨道衡整体道床的混凝土基础设计厚度不满足《铁路货运安全检测监控与管理系统总体技术规范》(铁运〔2013〕56 号)附件 13 的“深入冻土层以下”的规定。

三、原因分析

1. 为了减少投资,设计单位按业主意见缩减功能或降低设计标准。

2. 设计者对规范和设计标准研究不够深入,尤其是在非铁路行业的公路、市政专业设计上存在短板。

3. 站场专业设计人员跨专业设计公路道路。

4. 可行性研究阶段设计单位前期调查研究深度不够,批复部门研究不细,导致违规问题没有发现。

四、知识点

1. 改移道路(框构桥引道)坡长应满足《公路路线设计规范》(JTG D20—2017)第 8.3.1 条最小坡长的规定。

2. 引道曲线加宽应满足《公路路线设计规范》(JTG D20—2017)第 7.6 节加宽要求。

3. 框构内道路净高设计为 4.5 m,应满足正面吊 5.3 m 净高通行要求。

4. 框构桥建筑限界应满足《公路工程技术标准》(JTG B01—2014)第 3.6.1 条要求,侧向宽度和净高应达到道路建筑限界标准。

5. 轨道衡整体道床的混凝土基础设计厚度应满足《铁路货运安全检测监控与管理系统总体技术规范》(铁运〔2013〕56 号)附件 13 的“深入冻土层以下”的规定。

五、施工图及预算审查风险点与经验分享

1. 施工图是否统筹考虑近远期规划并预留条件直接影响专用线使用功能和工程造价,在审查时要格外注意。否则,后期可能会发生大拆、大改问题,造成损失浪费。

2. 对施工图中不满足相关设计规范的情况，应分析原因，要求设计单位整改，确保设计方案满足使用功能和行车安全。

3. 接到报审的施工图后应重点核对是否与可研批复的规模、标准一致，是否满足使用要求，有无违反强制性标准情况。

4. 优化设计方案。优化设计方案是保证运输安全和降低造价及保证使用功能的有效途径，审查过程中必须有优化设计意识，以严谨的态度，与设计人员沟通，与相关部门共同论证其可行性。

施工图信号机设计错误

一、工程简介

××线××站信号联锁缺陷补强整治工程，主要内容为××站室内外信号设备联锁改造，新建信号机械室、运转室，电力、通信、线路配套改造。

建设年份：2025 年。

二、问题描述

施工图设计文件审查期间，概算所进行现场勘察发现既有车站 $S_{Ⅱ}$、$X_{Ⅱ}$ 两架出站信号机为高柱三显示信号机，施工图设计该两架信号机为矮柱三显示信号机。

三、原因分析

设计者在施工图设计时未进行现场调查，在依据电务部提供的履历簿进行设计时不认真，不清楚现场信号机设置情况，造成设计错误。

四、知识点

1. 按照《铁路技术管理规程》(TG/01—2014)的规定，铁路信号机应采用色灯信号机，色灯信号机应采用高柱信号机，在不办理通过列车的到发线上的出站、发车进路信号机可采用矮柱信号机，特殊情况需设置矮柱信号机时，须经铁路局批准。

本案例中 $S_{Ⅱ}$、$X_{Ⅱ}$ 两架信号机为ⅡG 正线的两端出站信号机，且信号机设置位置不是特殊地段，按规定必须采用高柱信号机，设计者对信号机设置技术标准掌握不清，未掌握信号机设置原则，不清楚特殊情况下违规设置信号机需经路局批准，造成设计错误。

2. 按照《中国铁路哈尔滨局集团有限公司关于印发〈中国铁路哈尔滨局集团有限公司铁路运输设施设备技术改造项目建设管理办法(试行)〉的通知》(哈铁建〔2020〕119 号)的规定，勘察设计单位对设计文件质量负责，根据批准的可行性研究报告等诸报告及其审批意见开展定测、现场调查，达到规定设计深度。

本案例中设计单位在施工图设计过程中未进行现场调查，只依据电务部提供的履历簿进行设计，且在设计过程中不认真核对，造成正线两架出站信号机错误设计成矮柱信号机。

五、施工图及预算审查风险点与经验分享

1. 施工图审查过程中需注重现场勘察，保证最大限度掌握既有站场布局、既有设备状态及使用年限、是否存在需迁改的设备、施工范围内存在的隐蔽工程等。

2. 熟练掌握规范、规程及相关制度要求，力求做到心中有数，以便及时发现施工图设计文件存在的漏洞。

施工图不详影响预算编制

一、工程简介

××线×××站道岔加装融雪装置改造工程，主要内容为对×××站 37 组道岔加装融雪装置，不设置远程控制中心工作站。

建设年份：2025 年。

二、问题描述

1. 车站控制终端至动力照明配电箱需新设电缆，但施工图无配线设计图，在预算中计列 1 660 m 阻燃型电缆（ZR-XV2×4 mm^2）费用，无工程数量计算依据，后经核实该段电缆只需 100 m 即可满足现场实际需要。

2. 施工图仅注明道岔型号、数量，但主要影响计算融雪装置数量的道岔图号未标明，导致无法准确核定融雪装置数量，预算中发生 60 kg/m 钢轨 1/12 道岔（专线 4249/专线 7628）少计列 2 组、60 kg/m 钢轨 1/12 道岔（SC341/SC340）多计列 2 组错误，造成此项工程直接费少计 5.06 万元。

三、原因分析

1. 设计者认为控制终端到动力配电箱只需一根电缆连接即可，内容过于简单，无需设计施工图。

2. 设计者未准确、全面掌握道岔图号对计算融雪装置数量的重要影响，未能在施工图中予以明示，不够细致。

四、知识点

1. 按照《铁路建设项目预可行性研究、可行性研究和设计文件编制办法》（TB 10504—2018）的规定，施工图文件是工程实施和验收的依据，应根据初步设计的审批意见，采用定测及补充定测资料编制，为施工提供需要的图表和必要的设计说明。施工图包括室内信号设备布置图、电路图、配线图。

本案例中缺少车站控制终端至动力照明配电箱配线图设计，属于施工图设计漏项错误。

2. 按照《铁路建设项目预可行性研究、可行性研究和设计文件编制办法》(TB 10504—2018)的规定，施工图文件是工程实施和验收的依据，应根据初步设计的审批意见，采用定测及补充定测资料编制，为施工提供需要的图表和必要的设计说明，并依据施工图工程数量和相关规定编制施工图预算。

本案例中未注明影响预算编制的道岔图号，失去了施工图为预算编制提供准确工程数量的依据，造成预算编制错误，属于施工图设计深度不足。

五、施工图及预算审查风险点与经验分享

1. 施工图纸是设计方案的具体体现，在审查过程中应注意设计内容是否全面、合理，是否存在设计项点的缺失。

2. 施工图纸也是预算编制的主要依据，施工图纸的编制深度不足会直接影响工程造价的准确性，在审查中对影响工程量及设备、材料等重要参数需注意是否在施工图中注明。

施工图照明设计方案缺陷

一、工程简介

×××站化肥库、煤炭库电照系统大修工程，主要内容为动力、照明系统修缮及地面拆除恢复。化肥库新设照明电源线、电缆桥架，更换化肥库动力、照明配电箱，更换照明配电箱至灯具导线，更换损坏照明灯具，照度不低于原标准。煤炭库更换动力配电箱，更换照明配电箱至灯具导线，更换损坏照明灯具，照度不低于原标准。

建设年份：2024年。

二、问题描述

施工图设计方案存在如下问题：

1. 未考虑既有金属卤化物光源与新设LED光源光效不同的区别，在未进行照度计算、未减少灯具数量的情况下简单地将原有全部金属卤化物灯按原瓦数更换为LED灯，过度设计造成资源浪费。

2. 未结合现场使用需求考虑智能照明控制系统。

三、原因分析

1. 设计人员未考虑LED光源光效与既有金属卤化物光源光效不同的情况，经验不足，设计不周。

2. 设计人员未按相关设计规范进行照度计算，专业理论不够扎实。

3. 设计人员未按照《铁路照明设计规范》(TB 10089—2015)、《民用建筑电气设计标准》(GB 51348—2019)等相关规定进行设计。

四、知识点

1. 按照建筑电气设计标准相关规定，应根据使用场所合理选择照明光源的光效、显色性、寿命、启动点燃和再点燃时间等光电特性指标，充分考虑环境条件对光源光电参数的影响。

2. 在照明设计时应根据视觉要求、作业性质和环境条件，通过对光源、灯具的选择和配置，使作业区或空间具备合理的照度、显色性和适宜的亮度分布以及舒适的视觉环境。

3. 大型灯具组合应结合现场实际和使用需求，采取集中控制。

五、施工图及预算审查风险点与经验分享

1. 既有设备设施改造或利旧，必须进行认真细致调查，充分论证设计方案的可行性、合理性、经济性。

2. 优化设计方案。优化设计方案是降低造价的有效途径，审查过程中必须有优化设计意识，以严谨的态度，与设计人员沟通，与相关部门共同论证其可行性。

优化设计方案如下：

(1)在不减少数量、不改变灯具布局的情况下经过照度计算后，将既有 400 W、150 W 金属卤化物灯分别采用色温小于等于 5 000 K，功率 200 W、70 W 的 LED 灯替代，满足现场照度要求。

(2)结合现场实际使用情况预留智能照明控制系统设置条件。

(3)通过优化设计，节约投资 130 余万元。

荷载变化缺少结构检算

一、工程简介

××线××站、××站、××站接触网软横跨安全隐患整治工程，主要内容为将接触网支柱为钢柱的软横跨改为硬横跨，在两根格构钢之间架设硬横梁，接触悬挂安装形式由软横跨节点更换为软索式硬横跨节点。

建设年份:2024 年。

二、问题描述

既有软横跨改为硬横跨，接触网立柱荷载增加，设计单位并未提供结构安全检算报告。根据要求设计单位提供安全检算报告，发现原整治方案不能通过安全检算，需要对既有支柱进行局部加固。

三、原因分析

1. 设计单位根据以往经验，忽略了必要的检算步骤。
2. 设计单位对结构安全要求掌握不清，安全意识不强。

四、知识点

1. 按照《铁路建设项目预可行性研究、可行性研究和设计文件编制办法》(TB 10504—2018)的规定，应对“新技术、新设备及特殊设计”和“有待进一步解决的问题”进行说明。

本案例中软横跨改为硬横跨，钢结构直接承受动力荷载重复作用，应根据应力变化的循环次数进行疲劳计算，并在设计文件中予以说明。

2.《钢结构设计标准》(GB 50017—2017)中明确规定，当钢结构承受的荷载发生变化时,需要依据该标准进行检算,以确保结构的安全性和适用性。

本案例中软横跨改为硬横跨,接触网支柱承受的荷载增加,需要对结构的强度、稳定性和刚度进行检算。

五、施工图及预算审查风险点与经验分享

涉及既有设备局部进行更换,要整体考虑荷载变化对既有设备的影响,如结构强度、适配度等,必要时要求提供相关检算书,确保结构安全。

桥吊结构设计方案存在安全隐患

一、工程简介

×××站四机场3、4线桥吊增设工程，是集团公司应急重点工程。四机场3、4线既有每条线路配备7台桥吊，一批换装作业10 h，遇设备故障或冬季冻煤，作业时间还需延长，作业效率较低，阶段性出现换装积压。本工程在四机场3、4线各增加3台桥吊，可将一批换装作业时间缩减为7 h，一昼夜可多换装60车。

建设年份：2022年。

二、问题描述

在审查施工图时发现，原施工图设计方案仅考虑增加吊车台数后的电力负荷增容，未对既有吊车梁承载力进行检算。

经与吊车厂家确认参数，对存档图纸进行查阅，检算结果为：现有吊车梁DL-7按起升重量12.5 t设计。按使用单位现场作业要求，本工程新增设吊车为起升重量16 t，A6级工作制，最大轮压160 kN，车宽8.15 m，轮距4.4 m，吊车梁疲劳计算跨中最大剪力设计值为88 kN，既有吊车梁疲劳计算跨中最大剪力设计值为74 kN。在不更换吊车梁的情况下，设计方案无法满足现场作业使用要求，存在重大安全隐患。

三、原因分析

1. 机械设备专业设计人员简单地认为吊车梁受力未改变，技术安全意识不强。

2. 设计单位专业结合部存在沟通不畅问题。机械设备专业在没有与土建结构专业沟通的情况下，以为增加3台桥吊且起升重量增大的情况下对既有桥吊结构无影响。

3. 设计单位项目总体把控能力有待进一步提高。本工程设计总体为电力专业，仅重视电力增容设计内容，未对结构安全进行把控。

四、知识点

改变特种设备结构或荷载变化，设计单位必须进行结构设计检算。

本案例中新增设吊车的起升重量增加了 3.5 t，吊车梁受力改变，须对既有梁、柱结构进行检算。根据检算结果，设计单位重新制定结构设计方案，更换既有吊车梁，既有柱增设埋件加固，消除了重大安全生产隐患。

五、施工图及预算审查风险点与经验分享

1. 既有设备设施改造或利旧，必须充分考虑设备设施现状，予以认真细致调查，充分论证设计方案的可行性、合理性、安全性。

2. 对结构改变、受力改变的设计方案，必须严格审查结构检算报告，以及结构设计是否全面、可行、安全，工法及结构形式是否合理，耐久性是否符合使用要求。

3. 总体对专业结合部要予以严格审核，统筹考虑专业之间的接口设计是否合理可行，负起总体把关责任。

龙门吊基础设计方案不经济合理

一、工程简介

××基地待焊百米轨存放区既有 8 台 10 t 单控门吊(跨度 22.0 m)更换为 4 台 20 t 集控双梁式门吊(跨度 24.0 m),同步改造吊车走行线及基础。

建设年份:2022 年。

二、问题描述

设计龙门吊走行轨采用钢筋混凝土条形基础,基底采用 11 m 长预制劲性体管桩进行地基处理。

经对基底承载力、变形检算复核计算,虽然采用预制劲性体管桩加固处理地基满足要求,但造价高,经济不合理。钢筋混凝土条形基础下换填 1 m 厚混砂即可满足要求,此项优化设计节约基础投资 295.6 万元,节约管桩检测费 18 万元。

三、原因分析

1. 施工图设计方案比选工作不细致,在进行多方案比选时忽略了经济性考量。

2. 未进行地基承载力、变形计算,简单地采用经验做法,施工图设计缺乏针对性,不够严谨。

四、知识点

软土地基加固有多种方法,其中压实法适用于浅层,具备场地作业条件的地基处理;换填法适用于处理浅层软弱不良土,比较经济而且施工方便;桩基施工法适用各种地质条件,而且能很大幅度地提高地基承载力,但是造价较高,有必要的时候选用;化学加固法也可对适宜土层提高地基承载力。

地基处理需综合考虑土质情况、作业场地情况、造价等诸多因素,选择最优地基处理方案。

本工程经过换填即可满足条形基础设置要求,采用管桩加固反而造成工期延长、投资增加,造成浪费。

五、施工图及预算审查风险点与经验分享

1. 施工图审查时须对地基加固方案的安全性、适用性、经济性进行重点审查,审查是否符合现行国家、地方或行业相关规范,地基承载力计算是否正确,加固后地基能否满足建筑物的承载要求。

2. 设计者应根据地质勘查资料(包括土层分布、物理力学性质、地下水位等)进行地基承载力、变形检算,对多种地基处理方案进行比选后,选择最优的方案。

超偏载仪安装位置违规

一、工程简介

××站超偏载检测装置新建工程，主要内容为在××线 K116＋200 处新建 1 台高速超偏载检测装置，新建超偏载控制柜及 UPS 电池机柜基础 1 座，配套做好电力、通信等建设。

建设年份：2025 年。

二、问题描述

超偏载检测装置选址位置在××线 K116＋200 处，该处线路坡度为 2.4‰，超出标准 2‰要求。

三、原因分析

设计人员对超偏载检测装置选址要求掌握不清，盲目设计，选址位置违反强制性规定。

四、知识点

《铁路货运安全检测监控与管理系统总体技术规范》(铁运〔2013〕56 号)规定："设备应安装在货车集中出入的直线上，线路坡度不超过 2‰。"

本案例中超偏载检测装置选址位置错误，线路坡度超过标准 2‰规定。

五、施工图及预算审查风险点与经验分享

1. 全面掌握规程规范标准，严格审查施工图是否违反技术规范。

2. 牢固树立安全意识，掌握相关设备安装规范，以严谨的态度，确保施工图审查技术安全。

高铁附近工程施工图设计违规

一、工程简介

××高速线 K×××+128(293 号)基站水害复旧工程，采用同址双网方案，在相邻 K×××+127、K×××+127 基站桥梁邻柱间分别新建机房、BTS、传输、电源、天馈、空调、院落等配套设施，原铁塔、箱变利旧。保留既有 K×××+128(293 号)基站铁塔及院落，还建并抬高箱变，为××高速线视频监控补强工程所设线路巡视摄像机供电。拆除基站房屋及房屋内附属设备，对既有干线光缆分歧接头做融通处理。

建设年份：2023 年。

二、问题描述

1. 新建房屋、箱变基础位于高铁桥附近，两处机房距离拉林河仅 2 km，且有一处新建箱变基础位于两条河道之间，无水文资料。补充内容后显示稳定水位高于基础底部，基础施工需进行抽水降低水位，未设计基坑止水方案，违反《铁路安全管理条例》(国务院令第 639 号)。

2. 设计方案为下部混凝土基础、上部箱式机房，预算编制上部为砌体结构机房，且无图纸，工程量为估算，与设计方案不符。

3. 新建箱变未绘制平面位置图，补充后与其他建筑物产生平面交叉，导致重新调整各建筑物平面位置。

三、原因分析

1. 设计单位对高铁线路安全防护政策掌握不详实。

2. 设计单位未执行《铁路基本建设工程设计概(预)算编制办法》(TZJ 1001—2017)，随意拆分整体设备编制预算。

3. 设计单位各专业设计方案缺少协调机制。

四、知识点

1. 按照《铁路安全管理条例》的规定，高速铁路线路路堤坡脚、路堑坡顶或者铁路桥梁外侧起向外各 200 m 范围内禁止抽取地下水。

2. 成品设备购置应计列为设备购置费，不能使用其他定额替代。

3. 新建建筑物需有平面位置图，防止出现位置交叉问题。

五、施工图及预算审查风险点与经验分享

1. 设计方案采取的施工措施不能影响铁路运输安全。

2. 预算工程量计列应与图纸相符，不能虚列工程量。

3. 新建建筑物位置设置应合理。

简易站台设计存在安全隐患

一、工程简介

××站增设简易站台工程，主要内容为增设简易站台 45 m^2，与既有站台相连，高度同既有站台高度，距离轨道中心线 1.75 m，既有围栏移设 15 m。采用 1.5 m 深钢筋混凝土柱墩，柱墩布置避开既有地下线缆，面层采用 0.4 mm×0.4 mm 水泥砖。

建设年份：2025 年。

二、问题描述

1. 简易站台与无人看守道口相连，旅客乘降影响道口交通安全。
2. 墩柱间未做挡板，站台内回填砂易污染道床。
3. 站台未设置安全标线。

三、原因分析

1. 未考虑旅客乘降安全与铁路平交道口安全的关系。
2. 未设计安全标线，对设计规范、行规、技规掌握不清。
3. 设计单位未考虑列车运行时产生的负压，将砂土吸进道床。

四、知识点

1. 按照《铁路技术管理规程》(TG/01—2014)的规定，旅客站台应设安全标线。
2. 轨旁设备设置，要充分考虑列车运行对其产生的影响。

五、施工图及预算审查风险点与经验分享

1. 轨旁设备审查要充分考虑安全问题，如站台旅客乘降安全、行车安全、道口安全等。

2. 安全风险点较多的项目，应组织施工图审查会议，请各相关业务部门、设备管理站段参加，广泛征求意见，确保行车安全。

超期服役房屋缺少结构安全鉴定

一、工程简介

××六线整备库屋面大修工程，主要内容：拆除原屋面找平层、防水层，新设找平层、防水层；对钢屋架进行加固，屋架除锈，涂防腐漆、防火漆；更换屋面排水管及水斗；更换阳光板、泛水板；更换照明线路、绝缘不良照明灯具，局部修理水磨石地面；墙面粉刷；更换检修沟解冻杠、部分防火门等。

建设年份：2024年。

二、问题描述

××六线整备库始建于1966年，截至2024年已使用58年，超过建筑的设计工作年限(50年)。

在对钢屋架加固设计前未进行结构安全性鉴定，设计单位就制定了施工图设计方案。

三、原因分析

1. 设计者对建筑原始资料调查不仔细，根据自己现场勘察，认为仅是原样恢复，草率确定设计方案，不够审慎。

2. 设计者对房屋结构加固设计前必须进行结构安全性鉴定的要求掌握不到位。

3. 设计者对超过设计工作年限建筑物大修前必须进行结构安全性鉴定的要求掌握不到位。

四、知识点

1. 按照《既有建筑鉴定与加固通用规范》(GB 55021—2021)第6.1.1条的

规定，既有建筑经技术鉴定或设计确认需要加固时，应依据鉴定结果和委托方的要求进行整体结构、局部结构或构件的加固设计和施工。

2. 按照《既有建筑维护与改造通用规范》(GB 55022—2021)第 3.1.4 条的规定，既有建筑达到设计工作年限拟继续使用时，应进行检测鉴定。

五、施工图及预算审查风险点与经验分享

1.《既有建筑鉴定与加固通用规范》(GB 55021—2021)是 2021 年出台的新规范，之前未有此规范，部分设计单位对新规范的掌握、应用不到位。审查人员必须第一时间掌握最新规范要求，避免发生违规问题。

2. 哈尔滨铁路局是百年老局，超过设计工作年限建筑物比较多，而且呈逐渐增长趋势。大修前应对建筑物的原始资料和现状详细调查，对结构加固、超过设计工作年限建筑物修缮必须进行安全性鉴定。

3. 可行性研究阶段对结构加固要予以高度重视，对无鉴定报告的设计方案予以提醒提示。

站区房屋改造设计方案错误

一、工程简介

××线××站信号联锁缺陷补强整治及站区房屋改造项目，站区房屋改造主要内容：拆除废弃房屋 1 座；整修既有工务闲置房屋，作为站区生产生活房屋；接建运转室、信号机房等；新建站台和化粪池；完善综合防雷接地系统和消防设备设施；信号设备机房设置专用空调；车站办公设备、既有电锅炉移设利旧使用；更新既有深井水泵设备及水管。

建设年份：2025 年。

二、问题描述

1. 新建站台没有设置站台墙，未按国家有关规范、标准进行设计，易发生侵入建筑限界现象。

2. 新建站台位置压覆原路基排水沟，截断路基排水，山体汇水无法排出，易出现浸泡道床问题。

3. 新建房屋设在低洼处，未与既有房屋保持同一高程，易发生房屋浸水现象，严重时信号、通信设备受损。

4. 新建房屋位于山坡底部，与山坡紧邻，山坡的稳定性、安全性未予充分考虑，山坡风化土、石易堆塌。邻近线路侧房屋基础高于线路且距离线路较近，基础护坡亦未设置挡土墙。

三、原因分析

1. 房建专业设计者对站台设计规范、标准掌握不清。

2. 设计者对严寒山区房屋设计缺少实践经验，未综合考虑自身使用安全和周边设施安全。

3. 设计单位在冬季进行查勘，现场被冰雪覆盖，雪融后未及时补充勘测，造成高程错误。

4. 设计单位总体把关不严，对房建专业与路基专业交叉结合部缺少统筹设计，造成设计方案严重缺项漏项。

四、知识点

1. 按照《铁路车站及枢纽设计规范》（TB 10099—2017）的规定，站台应按标准进行设计，建筑设施尽量使用定型图。

2. 新建信号、通信等设备房屋，不应设置在低洼、易积水处，潮湿环境容易造成设备老化、损坏。

3. 新建房屋临近山体，必须结合地形地貌采取相应的工程措施，保证自身使用安全，同时兼顾周边设施使用安全。

五、施工图及预算审查风险点与经验分享

1. 新建房屋选址、地面标高要重点关注，防止新建房屋存在安全风险隐患。

2. 认真核对设计图纸内容与周边建设条件是否一致，核对工程设计方案、工程措施的合理性、可实施性。

3. 审查设计单位选用的标准图、通用图、定型图是否适用，内部通用图设计及采用是否合理。

4. 加强多专业审查配合，防止出现重复设计、设计漏项问题。

信号房屋施工图设计方案违规

一、工程简介

××线××站信号联锁缺陷补强整治，新建房屋主要内容：整修既有机械室、运转室后移交产权单位使用；新建运转室、信号机房等面积约 280 m^2，房屋附属移设封闭栅栏、房屋前与站台硬面连接。

建设年份：2025 年。

二、问题描述

1. 新建房屋面积为 299 m^2，超出可行性研究审查意见"新建一层信号设备房屋，建筑面积约 280 m^2"规模。

2. 运转室设计宽度小于 6 m，不符合《铁路房屋建筑设计标准》(TB 10097—2019)的规定。

3. 施工图中新建房屋范围内的树木未进行标注，并且未进行权属调查，项目所在为大兴安岭地区，如为重点保护林木区域，实施过程中伐树手续办理复杂、繁琐，影响房屋建造进度，易导致项目整体完工时间延长。

4. 附属设施栅栏基础、新建硬化面基层未考虑防冻胀，栅栏基础发生冻胀易产生倾斜，新建硬化地面冻胀易产生开裂、起鼓等病害。

5. 室外台阶面层使用陶瓷地砖，冬季冰雪覆盖易造成人员摔伤。

6. 新建房屋设计方案未征求建设单位意见，未能满足生产需求，造成施工图阶段平面布局进行较大调整。

三、原因分析

1. 设计单位编制设计文件随意性较大。一是不执行可研审查纪要，擅自扩大建设规模；二是未按照建设单位的生产生活实际布置房屋功能。

2. 设计单位房建专业对规范标准掌握不清，如《铁路房屋建筑设计标准》（TB 10097—2019）等相关标准。

3. 设计单位勘察不全面，未对地上附着物进行调查且图纸不能真实地反映现场实际。

4. 设计单位对严寒地区项目设计缺乏经验，未能考虑建筑物冻胀、冬季地面防滑等问题。

四、知识点

1. 施工图设计要严格执行可研审查意见、可研批复及初步设计批复。

2. 铁路房屋建筑要按照《铁路房屋建筑设计标准》（TB 10097—2019）进行设计，运转室宽度、间休室面积等要符合标准。

3. 影响项目建设的附着物在可研阶段要进行调查，并真实地反映在施工图中。

4. 设计单位设计方案时应与建设单位对接并征求意见，按照相关的生产生活需求对房屋布局进行调整。

5. 严寒地区要对冬季基础防冻胀、路面防滑等问题充分考虑。

五、施工图及预算审查风险点与经验分享

1. 项目建设规模、技术标准等要按照批复文件内容进行审查。

2. 铁路用房的房间功能、面积、尺寸等要符合《铁路房屋建筑设计标准》（TB 10097—2019）等规范及标准要求。

3. 项目范围内影响建设的附着物，要有明确且可行的处理方案。

4. 施工图设计方案要满足建设单位的生产生活需求。

用电房间采用片式散热器采暖错误

一、工程简介

××线××站信号联锁缺陷补强工程，主要工程内容为信号联锁改造，相关专业进行适应配套。

建设年份：2024年。

二、问题描述

机械室、运转室等用电房间采用片式散热器（如M132型、TFD-600型）冬季供暖，安装方式使用丝扣连接方式。

现集团公司管内用电房间多数为无人值守房间，片式散热器、丝扣连接漏水风险较高，漏水时无人及时发现问题。漏出的水不仅滴落在地面上，部分还溅射到周围的机械设备及电气线路上，会有设备短路故障风险，影响机械室的正常运行、设备稳定运行，存在安全生产重大隐患。

三、原因分析

1. 热胀冷缩影响。供暖期间，散热器内热水温度较高，管道受热膨胀；而室内局部温度较低区域，管道又会收缩。这种频繁的热胀冷缩使丝扣连接处的密封材料承受交变应力，逐渐失去弹性，密封性能下降，从而引发漏水。

2. 安装工艺问题。丝扣连接对安装工艺要求较高，若在安装过程中，丝扣加工精度不足、螺纹啮合不完全，或者缠绕的密封材料（如生料带）不均匀、层数不够，都会在使用中导致密封不严。此外，安装时未对丝扣进行合理的拧紧力矩控制，过松或过紧都可能破坏密封结构。

四、知识点

按照《铁路房屋供暖通风与空气调节设计规范》（TB 10056—2019）第3.3.4条的规定，有防水要求的电气设备房屋采用散热器供暖时，不宜采用片式散热器，散热器与支管连接应采用焊接方式，且室内不应有法兰、螺纹接头、排气阀和阀门等。

五、施工图及预算审查风险点与经验分享

设计方案必须考虑当地的气候特征，并结合实际使用情况合理确定。现代铁路机械室等多数电气用房已采用无人化值守，同时对室内温湿度要求较高，而且散热器一旦漏水往往易产生严重后果，故用电房屋尽量采用电力采暖，如电暖气或者机房空调等精密控温装置。

极寒地区或电力条件不充分地区，当考虑水系统供热时，散热器不应采用片式散热器，应采用排管焊接式散热器，同时房间内散热器与支管连接应采用焊接方式，且室内不应有法兰、螺纹接头、排气阀和阀门等，尽量避免漏水现象。

寒冷地区精密机房空调供暖缺少低温保护装置

一、工程简介

××线××站计算机联锁设备改造，主要工程内容为信号联锁改造，相关专业进行适应配套。

建设年份:2024年。

二、问题描述

新设机械室采用精密机房空调进行夏季、冬季室内温湿度控制，机房所安装的空调未考虑寒冷地区冬季启动问题，未配备低温启动保护装置，导致压缩机等关键部件在低温环境下无法正常启动。

三、原因分析

1. 润滑油黏度变化。在低温环境下，空调压缩机内的润滑油黏度会大幅增加，在压缩机启动时需要克服更大的阻力，就像发动机在冷天启动困难一样。如果没有相应的低温启动措施，电机无法提供足够的扭矩来驱动压缩机运转，导致启动失败。

2. 电子元件性能下降。空调中的电子元件，如控制器、传感器等，在低温环境下其性能会受到影响。电子元件的参数漂移可能导致控制系统误判，发出错误指令，阻止空调启动，以保护设备免受损坏。

四、知识点

1. 低温启动保护技术。常见的低温启动保护装置包括电加热带、油加热器等。电加热带可以缠绕在压缩机外壳或制冷剂管道上，在启动前对设备进行预热，降低润滑油黏度，提高制冷剂温度，使其达到正常启动条件。油加热器则专门对压缩机内的润滑油进行加热，确保其流动性。

2. 空调工作温度范围。不同类型和品牌的空调具有不同的工作温度范围。一般普通商用空调的正常工作温度范围在－5 ℃～43 ℃之间，而适用于北方寒冷地区的机房空调，其低温启动温度可以低至－30 ℃，甚至更低，这需要单独加装低温启动设备来实现。

五、施工图及预算审查风险点与经验分享

在寒冷地区建设机械室或机房时，应充分考虑当地的气候条件，提前规划选用具备低温冷启动功能的空调设备，不能仅仅依据常规的空调选型标准，避免后期因空调无法适应低温环境而增加的改造和维护成本。

消防系统大修施工图设计违规

一、工程简介

××站货场消防泵房及消防系统大修工程，主要内容为消防设备及配管、消防泵房及水池修缮，消防配电及联动系统、电源监控、应急疏散照明、消防广播修缮等。

建设年份:2024 年。

二、问题描述

1. 消防水泵仅有手动启动功能，未设计自启动功能。

2. 火灾自动报警系统未配置电源监控、消防广播设备，且消防系统不能达到联动控制要求。

三、原因分析

1. 设计者仅考虑既有消防设施原样恢复，未考虑消防规范要求。

2. 设计者前期勘察不细致，未对货场场区进行全面了解，没有对现有消防系统控制形式、联动方式等进行深入调查。

四、知识点

1. 按照《消防给水及消火栓系统技术规范》(GB 50974—2014)第 11.0.1 条“消防水泵控制柜在平时应使消防水泵处于自动启泵状态”、第 11.0.5 条“消防水泵应能手动启停和自动启动”规定，消防水泵应具备自启动功能。

2. 按照《火灾自动报警系统设计规范》(GB 50116—2013)第 3.2.3 条“系统应由火灾探测器、手动火灾报警按钮、火灾声光警报器、消防应急广播、消防专用电话、消防控制室图形显示装置、火灾报警控制器、消防联动控制器等组成”、第 4.1.4 条“消防水泵、防烟和排烟风机的控制设备,除应采用联动控制方式外,还应在消防控制室设置手动直接控制装置”规定,集中报警系统应完备,并实现联动控制要求。

3. 按照《民用建筑电气设计标准》(GB 51348—2019)第 13.3.8 条“设有消防控制室的建筑物应设置消防电源监控系统”规定,应设置消防电源监控系统。

五、施工图及预算审查风险点与经验分享

1. 消防系统是多系统、多专业的综合性设备设施。消防设施包含建筑周边环境、建筑本身布局、消防水源(包含水量、水压)、消防系统(消火栓系统、自动喷淋系统、气体灭火系统、防排烟系统、火灾自动报警系统等)、消防设备联动控制等内容。

2. 设计者在进行消防大修工程设计时,应综合考虑消防系统是否完善、完备,是否能形成消防能力。

3. 设计、审查人员须熟练掌握消防有关规定,同时要密切关注地方政府执行过程中的具体要求,避免发生施工图违规问题。

4. 施工图审查时,总体专业应加强各专业协调,对消防设施进行综合审查,及时发现消防设计缺陷。

改变房屋使用功能违反防火规范

一、工程简介

×××乘务员公寓房屋大修工程，主要内容为将原铁路浴池、幼儿园房屋室改为乘务员公寓，房间布局调整并对既有房建大修。

建设年份：2024 年。

二、问题描述

本工程涉及房屋规模和使用功能改变，疏散通道长度 35 m，设计方案未考虑排烟系统，不符合现行消防规范相关要求。

三、原因分析

设计单位对改变房屋使用功能重视程度不够，对相应规范掌握不到位。

四、知识点

1. 按照《建筑设计防火规范》(GB 50016—2014)第 1.0.2 条的规定，本规范适用于新建、扩建和改建的建筑。

2. 按照《建筑设计防火规范》(GB 50016—2014)第 8.5.3 条的规定，民用建筑内长度大于 20 m 的疏散通道，应采取排烟等烟气控制措施。

五、施工图及预算审查风险点与经验分享

对《建筑设计防火规范》(GB 50016—2014)适用范围要熟悉掌握，尤其是改建房建项目，避免消防设计违规，给建筑留下火灾隐患。

特殊建设工程缺少消防设计审查

一、工程简介

××站消防设备设施补强工程，主要内容为××站消防设施不满足使用要求，对××站消防设施整体进行改造。

建设年份:2024年。

二、问题描述

××站房屋属于特殊建筑类别，特殊建设工程施工图未进行消防设计审查，地方人民政府住房和城乡建设主管部门审查时发现设计方案不满足现行规范要求。

三、原因分析

1. ××站房屋属于特殊建筑类别，设计单位在设计过程中对建筑物定义掌握不准确。

2. 对特殊建设工程设计审查制度不清楚，致使特殊建设工程未按照程序进行消防设计审查，消防设计方案不合格未通过。

四、知识点

按照《建设工程消防设计审查验收管理暂行规定》(住房和城乡建设部令51号)的规定，特殊建设工程的建设单位应当向消防设计审查验收主管部门申请消防设计审查，消防设计审查验收主管部门依法对审查的结果负责。特殊建设工程未经消防设计审查或者审查不合格的，建设单位、施工单位不得施工。

五、施工图及预算审查风险点与经验分享

1. 对人员密集的建筑物的施工图设计必须严格把关，检查是否经过消防设计审查。

2. 特殊建设工程的建设单位应当向消防设计审查验收主管部门申请消防设计审查，针对审查意见对施工图进行修改、补充后再进行施工图文件提报。

规划建筑用地内新建、扩建未报规

一、工程简介

××站消火栓能力补强工程，主要工程内容为站内消火栓系统改造，新建消防水源及消防泵房。

建设年份：2023 年。

二、问题描述

新建消防泵房、消防水池位置为市政规划用地，设计在绘制施工图时，未经市政相关部门许可，导致施工图设计方案无法实施，造成工期延误。

三、原因分析

设计单位进行施工图设计时，认为站前广场为铁路用地，无须进行报规。但根据用地分界划分，站前广场属于市政规划用地范围。

四、知识点

按照《中华人民共和国城乡规划法》第四十条的规定，在城市、镇规划区内进行建筑物、构筑物、道路、管线和其他工程建设的，建设单位或个人应当向城市、县人民政府城乡规划主管部门申请办理建设工程规划许可证。

按照《中华人民共和国城乡规划法》第六十四条的规定，未取得建设工程规划许可证或未按许可内容建设的，由县级以上地方人民政府城乡规划主管部门责令停止建设；尚可采取改正措施消除影响的，限期改正并处工程造价 5%～10%的罚款；无法改正的，限期拆除，不能拆除的，没收实物或违法收入，可并处罚款。

五、施工图及预算审查风险点与经验分享

1. 新建建筑用地归属应在编制可研设计文件时予以明确，否则易造成施工图无法实施。

2. 若在规划建筑用地内新建、扩建，需进行申报规划许可，且规划许可应在施工图设计前完成。

文物保护范围内工程施工图缺少地方政府审批

一、工程简介

×××旅客天桥大修工程，主要内容：天桥钢结构补强焊接，钢构件除锈，喷防锈漆、防火漆及调合漆；天桥踏步、平台板及走台板面层大修；天桥木墙板、地板、木屋架、木扒板等木构件大修；铁皮咬口屋面大修；电照大修等。

建设年份：2024年。

二、问题描述

×××旅客天桥在文物保护范围内，大修施工图未经住建部门和文广旅游行政主管部门批准，不满足开工条件。

三、原因分析

×××旅客天桥位于全国重点文物保护单位“×××中东铁路火车站旧址”的保护范围内，设计单位在设计过程中对历史街区保护范围内建筑物修缮掌握不到位，×××旅客天桥大修施工图未按照程序到地方政府有关部门报批。

四、知识点

按照《齐齐哈尔市历史街区历史建筑保护条例》的规定，在历史街区保护范围内对建筑物进行修缮，应当制定保护方案，经所在地住建部门会同文广旅游行政主管部门批准，并依照有关法律、法规办理相关手续。

五、施工图及预算审查风险点与经验分享

对文物附近的建筑物修缮时要详细调查其是否在历史街区保护范围内，如在范围内，应按国家及地方政府有关规定，制定文物保护方案，并履行相关报批程序。